Hugo M. Enomiya-Lassalle . Von der Katastrophe zur Erneuerung

Hugo M.

Enomiya-Lassalle

Von der Katastrophe zur Erneuerung

Kösel

Deutsche Übersetzung von Ana Maria Schlüter, Brihuega/Spanien, in Zusammenarbeit mit Ursula Patzschke-Krueger, Taunusstein.
Dieses Buch ist zum ersten Mal 1948 in Spanisch in Buenos Aires, Argentinien, unter dem Titel »Hiroshima« erschienen.

CIP-Titelaufnahme der Deutschen Bibliothek

Enomiya-Lassalle, Hugo M.:
Von der Katastrophe zur Erneuerung / Hugo M. Enomiya-Lassalle. – München : Kösel, 1989
ISBN 3-466-20312-0

Druck und Bindung: Kösel, Kempten
Umschlag: Elisabeth Petersen, Glonn, unter Verwendung eines Fotos von Michael Leis, München
ISBN 3-466-20312- 0

Inhalt

Vorwort

Da nun seit dem Ausbruch des Zweiten Weltkrieges 50 Jahre vergangen sind, mag dies ein Anlaß sein, auf die Katastrophe in Hiroshima wieder eindringlich aufmerksam zu machen. Der Eintritt Japans in den Krieg in Ostasien 1942 hatte zur Katastrophe in Hiroshima geführt. Dem Abwurf der Bomben auf Hiroshima und Nagasaki folgte die bedingungslose Kapitulation, die zugleich ein neuer Anfang und die Begründung eines modernen, demokratisch regierten Japans war, das sich in die Völkerfamilie politisch, wirtschaftlich und geistig auf eine eindrückliche Weise integriert hat.

Es ist auch heute wichtig und nach wie vor aktuell, an die Zusammenhänge zwischen der Katastrophe des Zweiten Weltkrieges, dem Zusammenbruch des alten Japans und den politischen und geistigen Folgen für die Japaner und für die ganze Menschheit zu erinnern. Im Rahmen meiner Friedensarbeit in den Nachkriegsjahren habe ich 1947 auf Bitten meiner amerikanischen Mitbrüder aus dem Jesuitenorden das vorliegende Büchlein in Englisch verfaßt, das in den USA erscheinen sollte. Kurz darauf meldeten sich jedoch aus den USA politisch-taktische Bedenken gegen die Veröffentlichung dieses Erfahrungsberichtes. So konnte dieses Büchlein 1948 nur in Spanisch in Buenos Aires erscheinen. Ich kam bei meiner Friedensarbeit u.a. nach Argentinien, und die dort ansässigen Japaner haben für die Übersetzung und Veröffentlichung dieses Textes in kleiner Auflage gesorgt. Das Erscheinen des Buches fiel mit der Zeit zusammen, als ich die japanische Staatsbürgerschaft annahm und den Bau der Weltfriedenskirche in Hiroshima vorbereitete.

Seitdem ist dieser Erfahrungsbericht in Vergessenheit geraten. Ana Maria Schlüter, Zen-Lehrerin in Spanien, bot sich vor einiger Zeit an, diesen Text ins Deutsche zu übertragen. Dr. Bogdan Snela, Lektor im Kösel-Verlag, hat ihn dann redaktionell vorbereitet. Nun erscheint dieses Buch, um ein aktualisierendes Nachwort erweitert, in der ursprünglichen Fassung. Dieses frühe Zeugnis ist zugleich eine Erinnerung an die Katastrophe, eine Mahnung zur Erneuerung und eine Einladung zur unermüdlichen Friedensarbeit. Dies alles ist heute genauso aktuell wie in den Jahren direkt nach dem Kriegsende.

Nach vier Jahrzehnten des kalten Krieges hat die atomare Aufrüstung trotz Hiroshima wahnsinnige Ausmaße angenommen. In der großen Politik zwischen den Weltmächten sind nun erfreulicherweise intensive Versuche zu verzeichnen, den angehäuften Bestand von Atomwaffen zu reduzieren und weitere Aufrüstung zu stoppen. Meine Botschaft in Form des vorliegenden Erfahrungsberichtes, eines direkten Zeugen dieser atomaren Katastrophe in Hiroshima, meine intensive Aufklärungsarbeit in den Nachkriegsjahren in Japan, Europa, USA und Lateinamerika über den Sinn der damals aufzubauenden Weltfriedenskirche in Hiroshima haben für heute einen neuen symbolischen Wert bekommen. Seit rund 40 Jahren mahnt die Weltfriedenskirche in Hiroshima zum Weltfrieden. Japan wurde inzwischen nicht nur eine der führenden Wirtschaftsmächte der Welt, sondern auch zum Ort des intensiven geistigen Dialogs zwischen Ost und West. Der Westen hat sich für die jahrtausendlange geistige Tradition Japans mit seinen Zen-Künsten und mit der tiefen Zen-Spiritualität geöffnet. Auf diesem Umweg ist nicht nur eine Wiederbelebung der christlichen Mystik, sondern auch eine geistige Erneuerung der Menschen in Ost und West zu verzeichnen. Von da aus hat sich auch, vor allem seit dem Zweiten Vatikanischen Konzil der Missionsgedanke über die Wege und den Sinn der Christianisierung in Bereichen anderer Religionen wesentlich geändert. Die Schritte dieser Entwicklung bin ich seit 1929, als ich nach Japan als Missionar kam, über die Suche nach Erneuerung aus den Trümmern von Hiroshima 1947 bis zum intensiven Dialog mit dem Buddhismus und der Zen-Spiritualität persönlich gegangen. Im Nachwort zu diesem Buch werden einige Gedanken in der Rückschau auf den spirituellen Weg der 60 Jahre Arbeit in Japan stichwortartig zusammengefaßt. In dieser Zeitspanne entwickelte sich jener spirituelle Dialog mit dem Osten, dessen Spuren in meinen Büchern »Zen – Weg zur Erleuchtung« (1960), »Zen-Buddhismus« (1966 – jetzt »Zen und christliche Mystik« 1986), »Leben im neuen Bewußtsein« (1986), »Zen-Unterweisung« (1987) und »Mein Weg zum Zen« (1988) markiert sind.

Ich hoffe, daß dieses nun in deutscher Sprache vorliegende Büchlein als ein frühes Zeugnis einer entscheidenden Etappe in diesem Umwandlungsprozeß auch nach 42 Jahren zur Verstärkung der Friedensbemühungen und des Dialogs zwischen Ost und West beiträgt, indem es die Atmosphäre und die Suche im Dunklen kurz nach der Atomkatastrophe in Hiroshima in wache Erinnerung bringt. Der Gedanke des Friedens scheint nach dem Zweiten Weltkrieg zum ersten Mal in der Weltgeschichte zäher und stärker zu sein als die immer wieder in der Geschichte zu verzeichnende Vergessenheit in bezug auf die vergangenen und erfahrenen Greueltaten der Kriege. Der leidenschaftliche Ausruf »Nie wieder Hiroshima!«, der in der Existenz der Weltfriedenskirche in Hiroshima eine materielle und dauerhafte Gestalt bekommen hat, mahnt uns auch heute eindringlich. Möge dieser dauerhafte Friede als die einzig mögliche und sinnvolle Antwort auf Hiroshima in der ganzen Welt endgültig verstanden und verwirklicht werden!

Hiroshima 1947 *Hugo M. Enomiya-Lassalle*
Tokyo/Dietfurt 1989

Die Atombombe

Was ich gesehen habe

Gespannte Vorahnung

Der erste größere Luftangriff auf Japan fand Ende November 1944 in Tokyo statt. Ein großer Teil des Distriktes Kanda brannte ab, und es starben ungefähr 8000 Menschen. Seit diesem Bombenangriff häuften sich die Angriffe auf die Hauptstadt. Auch andere Städte wurden bombardiert, unter ihnen Osaka und Nagoya mit großen Verlusten, und noch andere Gegenden der großen Insel Kyushu. Wir in Hiroshima erwarteten, auch bald an die Reihe zu kommen. Während des Monats März geschah es, daß am 19. etwa 130 Flugzeuge erschienen. Aber außer zwei oder drei Bomben, die abgeworfen wurden, und einem kurzen Feuer von seiten der Angreifer geschah nichts, und es gab keine weiteren Verluste. Doch zwei Tage später waren die Residenzviertel der Stadt Kobe Ziel eines Bombenangriffes. Ein großer Teil stand in Flammen, und Tausende von Menschen konnten dem Feuer nicht entkommen, sondern starben verkohlt in den Flammen. In Hiroshima gab es ab und zu Fliegeralarm, und hin und wieder konnten wir Hunderte von Flugzeugen im Luftraum der Stadt beobachten. Es weckte Verwunderung, daß außer einem Abwurf von vier oder fünf Bomben, die den Tod einiger weniger Personen verursachten, Hiroshima nicht bombardiert wurde. Man begann sich zu fragen, warum nicht geschah, was unvermeidlich schien. Es gingen einige Gerüchte: Man sagte, aufgrund der Flugblätter, die von feindlichen Flugzeugen abgeworfen wurden, Hiroshima werde durch eine Überschwemmung vernichtet werden, verursacht durch die Zerstörung der Deiche in den Bergen, wo das Wasser aufgespeichert wurde. Das hielt man durchaus für möglich; denn vor zwei Jahren hatte ein starker Regenfall eine gewaltige Überschwemmung dieser Art zur Folge und dadurch großen Schaden sowie eine Reihe von Todesfällen in den nördlich von Hiroshima gelegenen Dörfern verursacht. Manche meinten, daß im Falle eines Dammbruches und der darauffolgenden Überschwemmung die Stadt ganz unter Wasser geraten und nur einige wenige Gebäude aus der Überflutung herausragen würden.

Anderseits bestand auch bei einigen die Meinung, daß Hiroshima nicht bombardiert werden würde im Hinblick auf die Spionagedienste, die viele Leute von dort aus geleistet hatten. Diese Gerüchte wirkten sich negativ für uns aus, da wir Missionare sämtlich Ausländer waren, und jedes Mal, wenn von Spionen die Rede war, meinte das Volk, die Ausländer hätten mit dieser Sache zu tun. Dieses Vorurteil war so verbreitet, daß einmal jemand, der uns gut gesinnt war, äußerte, ein Luftangriff auf Hiroshima wäre vielleicht gar nicht so schlecht, weil er geeignet sei, dergleichen Gerüchte, die sich mehr oder weniger direkt gegen die Kirche richteten, auszurotten. Eine andere Auffassung hielt es ironischerweise für möglich, daß einige wenige Städte verschont bleiben sollten, zum Beispiel Hiroshima und Kyoto, eine andere große Stadt, die noch nicht bombardiert worden war, da der Feind Verwalter und Diener benötigen würde, wenn er in Japan eingedrungen sei. Schließlich gab es noch einige Optimisten, deren Meinung war, es gäbe in Hiroshima nichts, was einen Luftangriff lohne.

Alle diese Gerüchte verschwanden gänzlich, sobald der Bombenangriff auf Okayama am 29. Juni bekannt wurde, das etwa hundert Meilen östlich von Hiroshima liegt. Das Beunruhigende dieser Nachricht war jedoch nicht die Tatsache, daß Okayama ganz in der Nähe lag, sondern, daß die Stadt ganz bombardiert wurde. Es geschah um Mitternacht, die Sirenen hatten nicht gewarnt, und die Bewohner der Stadt erwachten, als ihre Stadt schon in Flammen stand. 95% der Häuser brannten, aber zum Glück kamen nicht viele Menschen um.

Daraufhin meinte man in Hiroshima, nun sei der Zeitpunkt nahe, an dem auch die eigene Stadt bombardiert werden würde; und um unangenehmen Überraschungen aus dem Wege zu gehen, verließ die Bevölkerung nachts die Stadt. Man schlief unter freiem Himmel und kam morgens wieder in die eigene Wohnung zurück. Beinahe jeder hatte die Hoffnung verloren, die verheerenden Brände bekämpfen zu können. Es vergingen zwei, drei Wochen, und es gab zwar einige Male Alarm, aber Hiroshima wurde nicht bombardiert. So kam allmählich das verlorene Vertrauen wieder, und man fing wieder an, in der eigenen Wohnung zu schlafen, vielleicht auch, weil man des vielen Hin- und Herziehens müde war.

Seit langem, und zwar seit Anfang des Krieges, hatte die Bevölkerung immer wieder Schutzmaßnahmen gegen Luftangriffe eingeübt. Jedermann wußte, was er zu tun hatte, wenn die Stadt bombardiert werden würde. Alle hatten bei Tag und Nacht an Luftschutzübungen teilgenommen. Die Kinder der Grundschulen waren evakuiert, und Tausende von Häusern waren abgebaut worden, mit dem Zweck, großräumige freie Zonen zwischen den einzelnen Häuserblocks und Stadtvierteln herzustellen. Man legte Wasserreservoirs verschiedener Größe an. Außerdem boten im Notfall die vielen Flüsse der Umgebung weitere Möglichkeiten zum Löschen. In den letzten Wochen und Tagen hatten wir beinahe jede Nacht Alarm, und Nachrichten informierten über die Anflüge der feindlichen Flugzeuge. Dabei wurde auch mehrfach darauf hingewiesen, daß in der Bucht von Hiroshima große Marineeinheiten angelegt hatten, was zu der Annahme führte, der Luftangriff stände unmittelbar bevor. Doch die Schiffe veränderten immer wieder ihre Lage. Das alles führte zu so starken nervlichen

Belastungen bei der Bevölkerung, daß sie anfing zu wünschen, die Bombardierung möge nun endlich stattfinden, um diesen Alptraum loswerden zu können.

Der 6. August, 8.15 Uhr

So war die Lage in den ersten Augusttagen, und so kam der 6. August. Es war ein sehr schöner Morgen, keine einzige Wolke am Himmel. Um 7.30 Uhr gab es Fliegeralarm. Über der Stadt erschienen zwei oder drei Flugzeuge. Wir machten uns keine Sorge, denn es war schon so oft passiert, daß sie erschienen und wieder verschwanden. Eine halbe Stunde später war Entwarnung. Ich war inzwischen in mein Zimmer zurückgegangen, um meine tägliche Arbeit fortzusetzen. Nach acht hörte ich wieder Motorengeräusche, aber diesmal gab es keinen Alarm. Ich wollte aber doch die Flugzeuge sehen und aus diesem Grund unterbrach ich meine Arbeit, um hinauszugehen. Es war genau 8.15 Uhr, als ich vor meinem Schreibtisch stand und im Begriff war, das Zimmer zu verlassen. In diesem Moment strahlte innerhalb und außerhalb des Hauses ein eigenartiges Licht auf. Man hätte es mit einem Blitz vergleichen können, aber es war nicht genau dasselbe, und in keinem Moment dachte ich, daß es ein Blitz sein könne. Außerdem war so gutes Wetter an dem Morgen, daß jeder Gedanke an ein Gewitter ausgeschlossen war. Ich hatte kaum Zeit, mir die Frage zu stellen: »Was ist das?«... Denn es vollzog sich in Sekundenschnelle. Der nächste Moment ist schwer zu beschreiben. Das ganze Haus schien mit großem Lärm einzustürzen, und im Zimmer flog alles durcheinander, Glas, Holz, Bücher, und was es sonst noch gab. Als ich das Licht sah, hörte ich keinen Laut: Da das Licht schneller ist als der Ton, waren die Folgen schon eingetreten, bevor ich mit meinen Ohren den Krach der Explosion hören konnte. Anderseits war die anschließende Dunkelheit nicht

Folge einer Verblendung meiner Augen, sondern das Resultat der dichten Staubwolke, die entstanden war, als alles um mich herum zusammenstürzte, und vielleicht war sie auch durch die Wolken, die die Explosion verursachte, entstanden. Fenster, Scheiben, Rahmen, Türen, Decken, alles mit Ausnahme des Grundgerüstes hatte die Erschütterung nicht überstanden und war zusammengestürzt. Es war, wie wenn all diese Dinge sich in Sprengstoff verwandelt hätten. Ich konnte später feststellen, daß einige Truhen, die gut verschlossen waren, durch den Luftdruck geöffnet, die Schlösser zerstört und ein Teil des Inhaltes hinausgeschleudert worden waren. Auch ein Teil der Scheiben war zu Staub geworden, der sich in alle Ritzen setzte, selbst unter Gegenstände, die in Truhen oder Schachteln verwahrt waren. Sogar in meinen Taschen entdeckte ich Splitter. Trotz allem blieb ich bei Bewußtsein und behielt das Gleichgewicht, so daß ich sofort zum Ausgang des Zimmers eilte. Während ich hinausging, regnete es Schutt über mich. Der Rücken wurde an vielen Stellen verwundet. Ich war überzeugt, das Haus werde völlig zusammenstürzen, bevor ich beim Ausgang sein würde. Zum Glück geschah das nicht. Sowohl Haus wie Pfarrbüro waren zwar nur aus Holz gebaut, blieben aber stehen. Das Grundgerüst war gut gesichert, jeder Balken war mit zahlreichen starken Bolzen vernietet und zusätzlich gegen Erdbeben gesichert. Ich konnte also die Treppe hinuntergehen und lebendig aus dem Haus kommen, wenn auch mit Wunden am ganzen Körper und von Blut überströmt. Ich sah mich um an der Stelle, wo unsere Kapelle stand, und konnte im ersten Moment nur Staubwolken wahrnehmen. Nachdem sich der Staub gelegt hatte, war wieder etwas zu sehen; die Kapelle war völlig zerstört. Trümmerreste lagen zerstreut herum. Ebenso stand es mit den benachbarten Häusern, alle aus Holz, wie es in Japan üblich war.

Was mochte mit den drei anderen Patres, die mit mir im gleichen Haus wohnten, geschehen sein? Zunächst dachte ich, sie wären umgekommen; denn ich war der erste, der ins Freie gelangte. Aber dann kam einer heraus mit blutüberströmten Gesicht wie ich, danach der zweite und schließlich der dritte. Dieser letzte war sehr schwer verwundet, blutüberströmt und totenbleich. Am Ausgang sank er zusammen.

Bei der Explosion dachte ich, daß unglücklicherweise gerade die erste Bombe unmittelbar in der Nähe unseres Hauses gefallen sei. Aber als wir uns zum nächstliegenden Platz begaben, um dort um Hilfe zu bitten, sah ich die gesamte Straße im selben Zustand vor mir liegen. Die zum Teil eingestürzten Häuser waren auf die Straße gefallen. Es war sehr schwer, ja hoffnungslos, dort Hilfe zu finden. Das Feuer schwelte bereits hier und da, aber in unserer Nachbarschaft waren nur einige wenige Brandherde. Ich ging zurück auf den Hof. Dort rief mir ein japanischer Theologiestudent zu, daß die beiden Kindergärtnerinnen unter den Trümmern des Hauses lebendig verschüttet seien. Wir machten uns an die Arbeit, und unter großen Schwierigkeiten konnten wir sie schließlich befreien. Noch zwei andere Mitglieder der Mission konnten aus den Trümmern geborgen werden. Danach versuchte ich, den Brand, der sich im Kindergarten entwickelte, zu löschen. Aber bald mußte ich einsehen, daß das unmöglich war, denn er nahm rasch zu, und es funktionierte keine einzige Pumpe mehr. Ich ging in mein Zimmer hinauf; denn als ich es verließ, konnte ich nichts mitnehmen. Was für ein Bild bot sich mir da! Ein schwerer Schreibtisch, der an der Wand gestanden hatte, war umgestürzt und lag auf der Rückseite. Ein Regal, das darüber angebracht war, war spurlos verschwunden. Die Tür war aus dem Rahmen gesprengt, der Eingang von umgestürzten Gegenständen verstellt. Ich konnte nicht darüber hinwegklettern, da mein linkes Bein eine tiefe Wunde hatte. Ich schaute herum, ob da etwas war, was ich noch hätte mitnehmen können, aber ich fand nichts. Während mehrerer Wochen hatte ich jeden Abend einige Pakete mit persönlichen Habseligkeiten zusammengepackt, die ich im Notfalle mit-

nehmen wollte. Aber alles war verschwunden; alles war wie weggefegt im wahrsten Sinne des Wortes.
Wiederum rief mich einer der Patres – dieses Mal, um eine verschüttete Frau aus den Trümmern ihres Hauses zu bergen. Wir konnten sie herausholen und gingen zu unserem Haus zurück. Währenddessen waren alle aufgebrochen, bis auf P. Wilhelm Kleinsorge SJ und den Sekretär des Vikariats, einen sechzigjährigen Japaner. Das Feuer rückte uns immer näher. Es war an der Zeit sich aufzumachen. Trotzdem ging ich noch einmal in mein Zimmer zurück; denn ich konnte es nicht glauben, daß wirklich nichts mehr da sein sollte zum Mitnehmen. Genau dasselbe Ritual wie zuvor – eine totale Enttäuschung. Trotz allem brachten wir einige halbzerstörte Truhen hinab und warfen sie in den Luftschutzkeller. Danach verschlossen wir die Tür, so gut es ging und in aller Eile, um dem Feuer zu entkommen.

Solidarisch leiden, was es zu leiden gab

Wir drei Patres wollten nun aufbrechen, sahen uns aber vor die Tatsache gestellt, daß der alte Sekretär sich weigerte, mitzukommen. Während er uns mitteilte, daß er sich nicht anschließen wollte, setzte er sich auf die Erde. Schließlich brachten wir es mit viel Mühe fertig, mit ihm auf die Straße zu kommen. Nach wenigen Schritten begegneten wir einer Frau, die ein Kind auf dem Rücken trug und uns anflehte, mit ihr zu gehen, um ihren verschütteten Mann auszugraben. Der alte Sekretär bat uns, ihn zurückzulassen und diesen Mann zu retten, was praktisch unmöglich war, da wir nicht einmal das Haus der Frau kannten. Wir konnten sie auch nicht überreden, uns dorthin zu begleiten. Sie verließ uns und ging in die entgegengesetzte Richtung, aus der das Feuer kam.

Wir versuchten nun einen Weg zu finden, der uns aus der Stadt hinausführen konnte. Es war zu spät. Es gab keinen Ausweg. Das Feuer umzingelte uns von allen Seiten. Was konnten wir da tun? Wir schlossen uns anderen Leuten an und schlugen den Weg zu einem Park am Ufer des Flusses ein. Natürlich bot der keine Sicherheit, aber wir dachten, im Notfalle, wenn die Bäume auch anfangen würden zu brennen, könnten wir in den Fluß gehen. Bevor wir den Park erreichten, mußten wir über die Trümmer eines eingestürzten Hauses klettern. Dabei sahen wir uns gezwungen, den Sekretär zurückzulassen, der uns wieder inständig bat, ihn zurückzulassen: weder Bitten noch Drängen konnten ihn von seiner Entscheidung abbringen. Ihn zu verlassen, war ein schwerer Entschluß für uns, aber es blieb uns nichts anderes übrig, als allein weiterzugehen. Wir haben den armen Sekretär nie wieder gesehen! Später erfuhr ich, daß er einige Tage vor dem Bombenabwurf jemandem anvertraut hatte, er wolle beim Luftangriff auf Hiroshima sterben, um nicht den Untergang des japanischen Kaiserreiches ansehen zu müssen. Ich erfuhr später auch, daß er am Tage zuvor einen Verwandten außerhalb Hiroshimas besucht hatte. Man hatte ihn eingeladen, die Nacht dort zu verbringen, er hatte aber sehr höflich abgelehnt. Wir gingen nun mit anderen Leuten in Richtung des Waldes weiter. Dort begegneten wir wieder einigen, die zu unserer Pfarrei gehörten. Der schwerverletzte Pater, den ich vorhin erwähnte, befand sich auch dort. Er blutete noch immer, und wir hatten nichts, um die Blutungen zu stillen. Wir befürchteten, er könne noch am selben Tage sterben. Wir setzten uns an das Ufer des Flusses und betrachteten den Brand, der im Stadtteil gegenüber wütete. Das Feuer war eindrucksvoll. Wir hatten Glück, daß der Wind nicht in unsere Richtung wehte; sonst hätten die Bäume in unserer Nähe angefangen zu brennen. Es entwickelte sich sogar schon ein kleiner Brand, aber es fing an zu regnen, wie es bei großen Bränden oft der Fall ist, und das Feuer kam zum Erlöschen, bevor es sich ausdehnte.

Zugleich setzte ein fürchterlicher Orkan ein, der unmittelbar in unsere Nähe kam. Wir konnten beobachten, wie im Abstand von fünfzig Metern viele Bäume entwurzelt wurden, dicke Äste abbrachen und in den Fluß gewirbelt wurden. Wir sahen auch, daß anderenorts Menschen in den Fluß geschleudert wurden. Ja selbst ein ganzes Krankenhaus wurde nicht weit entfernt von uns in den Fluß gefegt. Wahrlich ein danteskes Schauspiel. Es war ein äußerst gefährlicher Augenblick. Zum Glück kam der Orkan uns nicht noch näher. Wenn wir Boote oder Schiffe gehabt hätten, wäre Entfliehen möglich gewesen. Aber es gab nur ein Boot, das einem evangelischen Pfarrer gehörte; er tat was er konnte, um einige zu retten. Aber die meisten mußten dort bleiben und das Ende abwarten. Gegen vier Uhr nachmittags war der Brand größtenteils erloschen. Wir beschlossen, daß einige unserer Gruppe zur Kirche zurückgehen sollten, um nachzusehen, wie es da aussah. Sie gingen dorthin, konnten aber nicht länger als zwei Minuten in der Kirche bleiben, so groß war die Hitze. Unterwegs mußten sie ihre Kleider naß machen, denn sie brannten, als wären sie aus Feuer. Sie kamen auch in unser Wohnhaus und fanden es völlig ausgebrannt vor. Einige Gemüsesorten im Garten waren in der Erde gekocht und sie verwerteten sie zum Essen... Ich selbst war nicht in der Lage zu gehen, wegen der Wunde an meinem Bein. Schließlich versuchten drei von uns aus der Stadt zu kommen, um, wenn möglich, unsere Mitbrüder im Noviziat der Jesuiten, etwa fünf Kilometer entfernt, um Hilfe zu bitten. In diesem Gebäude wohnten die studierenden Jesuiten, unter ihnen einige Ausländer, im ganzen etwa zehn junge, starke Menschen. Um acht Uhr abends erreichten sie uns mit Lebensmitteln und behelfsmäßigen Tragbahren. Inzwischen hatte die japanische Bevölkerung etwas Reis gekocht. Einige hatten ihn aus ihren Häusern noch mitnehmen können. Es herrschte eine ausgezeichnete Atmosphäre in der Gruppe. Wir hatten alle das Gefühl, einer einzigen Familie anzugehören. Ich weiß nicht, wie viele es waren, vielleicht sechzig oder siebzig. Von diesen waren über zwanzig schwerverletzt und konnten sich nicht bewegen. Viele von diesen starben innerhalb der nächsten vierundzwanzig Stunden oder kurz danach. Wir sprachen von unseren Bekannten, die nicht mehr gerettet werden konnten. Besonders eindrucksvoll und traurig war der Bericht einer Frau, die ihren Mann unter den Trümmern ihres Hauses zurücklassen mußte, da sie die schweren Balken nicht aufheben konnte; sie mußte ihn den Flammen überlassen, während er noch lebte... Aber eindrucksvoller noch als all das war es, keine einzige Klage zu hören! So war eben der Krieg, und diese Leute waren bereit, für ihr Land zu leiden, was es zu leiden gab. So sehr war das der Fall, daß, wie ich später hörte, jemand, der anfangen wollte zu murren, sofort von den anderen unterbrochen wurde.

Zwei von uns Jesuiten waren schwerverletzt. Man half uns in ein Boot und brachte uns zur nächsten Brücke. In der Nähe derselben befanden sich viele Leute; ich dachte zuerst, sie warteten da, bis das Feuer sich gelegt haben würde, aber als wir in die Nähe kamen, riefen sie um Hilfe. Alle waren schwer verwundet und konnten sich nicht bewegen. In dieser Situation konnten wir nichts für sie tun und mußten an ihnen vorüberfahren. Um zwei Uhr morgens kamen wir im Noviziat an. Dort konnten unsere Wunden zum ersten Mal behandelt werden, und zwar vom Rektor des Hauses, der vor seiner Priesterweihe Medizin studiert hatte einschließlich klinischer Praxis. Aber wir beide waren nicht die einzigen Patienten. Dort waren etwa achtzig Verwundete. In den meisten Fällen hatten sie Brandwunden. Die Patres und Studenten hatten sie unterwegs aufgelesen, oder sie waren selbst zum Noviziatshaus gekommen.

Dieses hatte mitsamt der Kapelle schwer unter dem Bombenangriff gelitten, obwohl es mindestens 5 km vom Zentrum entfernt lag. Es sah dort folgendermaßen aus: Auf der Stadtseite waren alle Fenster völlig zertrümmert, nicht nur die Scheiben, sondern auch die Holzrahmen. Drei Säulen an der Außenseite der Kapelle waren ebenfalls zerstört sowie viele Türen im Inneren des Hauses. Die Decke hatte sich verschoben, und überall auf dem Fußboden lagen Scherben. Die Dachziegel auf der Seite zur Stadt, waren durch den Luftdruck abgerissen worden. Aber das Haus konnte benutzt und in ein Krankenhaus verwandelt werden.

Die Barmherzigen Schwestern waren auch vom Bombenangriff betroffen worden, da ihr Haus im Stadtinneren lag. Ihr Haus war abgebrannt, und sie fanden in unserem Noviziat Unterkunft. Wir können unmöglich in Worten wiedergeben, wie sehr sie sich dort einsetzten, noch können wir gebührend ihre Arbeit und Hingabe an die Kranken würdigen. Ich werde es auch nicht unternehmen, im einzelnen den Liebesdienst des Rektors, der Seminaristen und der Schwestern sowohl im Haus selbst als auch in der Umgebung zu beschreiben. Sie setzten sich ganz ein für all die verwundeten Menschen, die größtenteils keine Christen waren. Ich kann nur sagen, daß diese Haltung vielen die Augen dafür öffneten, was christlicher Glaube und die Liebe der katholischen Missionare wirklich sind.

Bedingungslose Kapitulation Japans

Erst am nächsten Tage wurde uns gesagt, daß der Grund dieser großen Katastrophe eine Atombombe gewesen war! Einige Tage später berichtete die Militärpolizei, daß sie 200 000 Todesfälle festgestellt hätte, und daß es voraussichtlich 250 000 werden würden.

Und der Krieg ging weiter. In jeder Nacht und manchmal mehrere Male ging die Sirene. Sofort verschwanden alle Lichter in unserem Gebäude, das beinahe keine Fenster mehr hatte. Die Leute wurden so schnell wie möglich in die Luftschutzkeller oder Bunker gebracht. Ich zog es immer vor, in meinem Zimmer zu bleiben, allerdings bereit, es im nächsten Augenblick durch das Fenster zu verlassen oder dort zu sterben, falls wir wieder bombardiert würden.

Bald darauf erreichte uns die Nachricht, daß eine zweite Atombombe abgeworfen worden war, diesesmal über Nagasaki. Wir hörten auch von anderen Städten und Dörfern, daß dort Brandbomben abgeworfen worden waren. Aber niemals hörte ich jemanden sagen, der Krieg müsse aufgrund der Atombomben bedingungslos beendigt werden. Jene Männer waren fest dazu entschlossen, bis zum Ende zu kämpfen, ganz davon überzeugt, soweit ich beurteilen kann, daß Japan sich niemals ergeben würde.

Plötzlich eine sensationelle Nachricht: Der Kaiser wird am 15. August im Rundfunk sprechen. So etwas hatte es in der japanischen Geschichte noch nie gegeben. Manche von uns meinten, das bedeute vielleicht das Ende des Krieges. Wer gehen konnte, kam zusammen, um die Rede in dem Zimmer, wo das Radio stand, zu hören. Und da wurde angekündigt... die bedingungslose Übergabe Japans! Manche weinten...

Es ist wirklich erstaunlich, daß dieses Volk, das die furchtbaren Folgen der Atombombe gesehen und erlitten hatte, beim Ende des Krieges Traurigkeit empfinden konnte. Aber wir wollen versuchen zu erklären, warum. Ein Land wie Japan stand da mit einer glorreichen Vergangenheit und Gegenwart, mit der kaiserlichen Macht, die alles zusammenhielt, stark an Geist und Herz wie ein herrliches unwandelbares Gebäude. Natürlich wußte dieses Volk, daß der Krieg einen kritischen Punkt erreicht hatte, schon bevor die Atombomben gegen es eingesetzt wurden, und es sah, daß nur noch wenig oder gar keine Aussicht bestand, diesen Krieg zu gewinnen. Auch wußte es, daß die Bedingungen eines Friedensvertrages für Japan ganz andere sein würden, als man zu Beginn des Krieges erwartet hatte. Daher war die Kapitulation im Grunde noch weit schlimmer als eine Atombombe, denn hierdurch fiel das großartige Gebäude des alten Japans wie ein Kartenhaus in sich zusammen; und was blieb, war total zerstört. Diese unbestreitbare Tatsache war für die Japaner viel schlimmer als die Atombombe von Hiroshima. Sie hatten ihre Folgen auf sich genommen, ohne eine Träne zu vergießen. Aber sie weinten bei der Ankündigung der Kapitulation, und die furchtbare Nachricht löste in manchen äußerst sensiblen Gemüten Reaktionen aus, die man nur aus der Zerstörung eines tiefeingewurzelten nationalen Selbstbewußtseins verstehen kann. So erklärt sich die Absicht einer unserer eifrigsten Christinnen, die glaubte, sich nach altem japanischen Brauch zusammen mit einigen nicht christlichen Freundinnen den Bauch aufschlitzen (Harakiri) zu müssen, um gleichzeitig mit dem untergehenden Ruhm ihres Vaterlandes zu sterben. Da sie Katholikin war, besprach sie ihr Vorhaben mit einem der Patres, der ihr deutlich machte, daß sie mit dieser Tat der eigentlichen Absicht des Kaisers entgegen handeln würde, dessen Kapi-

tulationserklärung an das Volk einzig und allein die Rettung der Bevölkerung zum Ziel hatte und auf keinen Fall eine massive Selbstvernichtung beabsichtigte. Die Überlegungen beruhigten das Mädchen und verhinderten ihren Selbstmord.
Was eine Kapitulation für das japanische Volk bedeutet, ist wahrscheinlich schwer zu verstehen für jemanden, der nicht den Krieg dort mitgemacht hat. Sie war an erster Stelle ein tödlicher Schlag für die Pläne des Armee- und Marinestabes. Es war an sich sehr unwahrscheinlich, daß beide, sowohl die Armee wie die Marine, den Befehl vollziehen und sich bedingungslos ergeben würden. Nur die Einheit garantierende Autorität des Kaisers vermochte dies zu erreichen. Alle waren zu unbedingtem Gehorsam und Ausführung seiner Befehle erzogen, zu einer restlosen Unterwerfung unter ein Prinzip oder, besser gesagt, unter ein »Dogma patriarchalen Gehorsams«. Hierin lag auch der Grund, weshalb man der Loyalität der japanischen Christen und besonders der Katholiken nicht traute; denn man konnte sich nicht vorstellen, daß diese dem Kaiser uneingeschränkt Gehorsam leisten würden, da sie eine andere Autorität anerkannten, nämlich die des allmächtigen Gottes der Christen, und dazu noch eine geistliche Autorität in dieser Welt, wie es die des Papstes als Stellvertreter Christi ist. Man stellte immer wieder die Frage, welcher Autorität die Katholiken gehorchen würden, wenn die beiden Autoritäten einmal miteinander in Konflikt gerieten. In allen Rechtsfällen, denen sich katholische Priester unterwerfen mußten, wurde die Frage wiederholt: »Stellt ihr Gott über den Kaiser oder nicht?« Manchmal fragte man die Katholiken: »Was werden die japanischen Katholiken machen, wenn der Papst einmal Japan als politischen Feind angreifen würde? Würden sie gegen den Kaiser kämpfen?« Ich möchte nicht auf Einzelheiten in dieser Sache eingehen, die uns viele Schwierigkeiten bereitete. Aber wie wir auch sonst darüber denken mögen, auf jeden Fall war diesmal die stumme, aber totale Unterwerfung unter den kaiserlichen Befehl ein Segen für das ja-

panische Volk, und es ist überflüssig hinzuzufügen, daß gerade dieser bedingungslose Gehorsam seine Rettung war. Auch wenn wir auf der anderen Seite die Entscheidung des Kaisers näher betrachten, müssen wir anerkennen, daß seine Kapitulationserklärung ein schweres Opfer war, ein totaler Verzicht, den er seinem Volk zu Ehren brachte, um es auf diese Weise vor einem totalen Untergang zu retten.

Was ich gehört habe

Die Opfer der Atombombe

Ich kann nur wenig dem im vorigen Abschnitt bereits Erzählten hinzufügen. Man hat schon viel geschrieben über die Atombombe, um nicht zu sagen, zu viel. Mir scheint es deshalb besser, dem Leser die Wiederholung bekannter Tatsachen zu ersparen. Daher werde ich die Sache von einer anderen Seite beleuchten und von den unmittelbaren Folgen berichten:

Da ich mein Leben gerettet hatte, war ich natürlich sehr daran interessiert, zu erfahren, wie es den Gläubigen unserer Pfarrei ergangen war. Es gab insgesamt ungefähr dreihundert, aber mehr als die Hälfte lebte außerhalb der Stadt oder in Vororten. Beinahe alle Familien, die im Zentrum der Stadt wohnten, hatten Angehörige verloren. In einer Familie starben die Eltern und zwei Mädchen; in einer anderen mußten sie die Mutter in den Flammen zurücklassen, nachdem alle Rettungsversuche des Vaters und der Kinder gescheitert waren, denn als das Feuer an sie heran kam, entfernten sie sich, um nicht selbst auch noch in den Flammen umzukommen. Die Gesamtzahl unserer Gemeindemitglieder, die umgekommen waren, betrug fünfundzwanzig oder mehr.

Große Verluste gab es auch an den Schulen zu beklagen. Von der Staatsschule für Mädchen starben 300 an Ort und Stelle. Ähnliches geschah an den privaten Oberschulen für Jungen und Mädchen. Wie ich schon sagte, waren die meisten Grundschulen evakuiert worden; so kam es, daß viele dieser Kinder verwaisten, da ihre Eltern in der Stadt umkamen. Es starben auch sehr viele, die zwar außerhalb der Stadt wohnten, dort aber arbeiteten und an dem Morgen bereits an ihrer Arbeitsstelle in Hiroshima waren. So ergab sich, daß fast in allen Häusern aus der Nachbarschaft unseres Noviziats jemand umgekommen war.

Außerdem starben sehr viele an ihren Brandwunden, nachdem sie die Stadt bereits verlassen hatten. Es ist unbeschreiblich, was diese Verwundeten zu leiden hatten, da diese Brandwunden schwerer heilten als die gewöhnlichen. Es war deutlich, daß alle sterben würden, wenn sie nicht mit leichten Verwundungen davongekommen waren. Niemand wußte, wie die Kranken behandelt werden mußten. Es gab keine Ärzte und keine Medikamente. Man sagte, daß von den 250 Ärzten, die es in der Stadt gegeben hatte, 200 ums Leben gekommen waren. Wer unterwegs zusammenbrach, mußte lange warten, bis er in ein Krankenhaus gebracht werden konnte oder, genauer gesagt, an einen Ort, der als Krankenhaus eingerichtet war. Beinahe alle Hospitäler waren abgebrannt, weil es Holzbauten waren. Wenn die Leute schließlich in ein Krankenhaus kamen, war der harte Fußboden ihr Bett. Und dann mußten sie noch zwei, drei Tage warten, bis sie behandelt werden konnten; denn es gab nicht einmal Krankenschwestern. Außer Mangel an Medikamenten herrschte zudem noch Mangel an Verbänden und Nahrung. Sehr oft hat man mich gefragt, wie viele Menschen wohl im Ganzen durch die Atombombe gestorben sind. Es ist sehr schwer, das genau abzuschätzen. Während des Krieges hatte Hiroshima ungefähr 400 000 Einwohner. Aber außerdem waren viele zur Arbeit dorthin gekommen, und tausende von Soldaten waren dort stationiert. Vielleicht war ihre Anzahl am Tage des Bombenabwurfes noch größer als gewöhnlich; denn viele waren am 1. August eingezogen worden, fünf Tage vor dem Bombenabwurf. Man kann ohne Übertreibung sagen, daß mindestens zwanzig- bis dreißigtausend Soldaten starben. In der Nähe unserer Kirche kamen von der Zivilbevölkerung 75 % und weiter zur Innenstadt beinahe alle um.

Anfang September wurden in den japanischen Zeitungen Zahlen angegeben, man schätzte 130 000 Tote. Das war die letzte Mitteilung. Außerdem gab es 40 000 Schwerverletzte. In den Tagen, an denen überall Chaos und Verwirrung herrschte, war es unmöglich, genaue Erhebungen durchzuführen, da viele die Stadt verlassen konnten oder hinausgebracht wurden, bevor sie starben.

Später wird es einmal möglich sein, eine genaue Untersuchung zu erstellen und dann über genaue Berechnungen zu verfügen. Inzwischen gehen nach meinen Informationsquellen die allgemeinen Schätzungen dahin, daß es mindestens 200 000 Tote gab. Das würde über die Angaben der Militärpolizei, die ich eben genannt habe, hinausgehen. Das wäre sogar sehr wahrscheinlich, denn es gibt keinen Grund anzunehmen, daß die Polizei die Absicht hatte zu übertreiben, sondern es ist eher anzunehmen, daß sie eine möglichst niedrige Anzahl von Bombenopfern angab, um die leicht entzündbaren Gemüter der japanischen Bevölkerung nicht gefährlich zu erregen.

Eine furchtbare, grausame Waffe

Wie bekannt, zerstört die Radioaktivität außerdem die weißen Blutkörperchen. Auch dadurch starben sehr viele, ob verwundet oder nicht. Diese radioaktive Energie wirkte mindestens noch mehrere Tage nach dem Abwurf der Bombe ziemlich intensiv. Es besteht kein Zweifel, daß einige Leute, die nach dem Angriff in Hiroshima lebten und dort einige Tage arbeiteten, um sich dann wieder aus dem Brennpunkt der Strahlung zurückzuziehen, aus eben diesem Grunde starben, obwohl es stimmt, daß diese Radioaktivität nicht die ganze Bevölkerung auf die gleiche Weise schädigte. Sie war noch zwei Monate später festzustellen, aber viel weniger intensiv und bedeutete keine Gefahr mehr für menschliches Leben.
Bei so viel Leid und Vernichtung fehlte es nicht an phantastischen Erzählungen, die im Volke entstanden. Es verbreiteten sich die verschiedensten und eigenartigsten Gerüchte, von gespenstischen Erscheinungen auf den Brücken... und Ähnlichem.
Die Auswirkungen und Folgen der Atombombe bilden wahrscheinlich vom menschlichen Aspekt her den Interessenschwer-

punkt. Wenn man nicht bei den kalten wissenschaftlichen Erkenntnissen ihrer Erfindung bleiben will, dann genügt es, vom menschlichen Aspekt her die Auswirkungen der Atombombe zu betrachten. Es geht um eine furchtbare Waffe, die nicht nur durchschlagend wirkungsvoll, sondern zudem noch grausam ist. Wird sie bei der Zivilbevölkerung angewandt, ist sie die grausamste, die man in einem Krieg anwenden kann. Kein Wunder also, daß man so häufig fragt, ob es ethisch zu verantworten ist, so eine Waffe zu gebrauchen. Wir, die ihre äußerst katastrophalen Folgen erlitten haben, sind oft nach unserer Meinung gefragt worden, und zugleich wurde uns die Frage gestellt, was die Japaner davon denken.

Was die Meinung letzterer betrifft, muß ich aufgrund dessen, was ich persönlich darüber gehört habe, einfach bekennen, daß sie nicht viel davon gesprochen haben. Das ist nicht weiter zu verwundern, denn als Besiegte fühlten sie sich in den Nachkriegsjahren nicht frei. Aber aufgrund von Vermutungen würde ich sagen, daß das japanische Volk und vor allem die Bevölkerung von Hiroshima, die resigniert hat, zweifellos den Abwurf so einer Bombe auf die Zivilbevölkerung in ihrem Innersten verurteilt. Sehr oft haben wir Ähnliches von ihnen im Zusammenhang mit Brandbomben gehört. Hunderttausende starben durch Brand in Tokyo und anderen Orten, bevor die Atombombe abgeworfen wurde. Natürlich ist das die Meinung des einfachen Volkes, das den Krieg nicht macht, sondern erleidet. Auch im Hinblick auf Grausamkeiten, die japanische Soldaten ausgeführt haben sollen, was in jedem Falle zu beweisen wäre, sind wir überzeugt, daß die öffentliche Meinung in Japan sie rückhaltlos verurteilen würde, und es ist nicht richtig, sie der bekannten moralischen Unbeugsamkeit des Volkes zuzuschreiben.

Das ethische Problem, das die Erfindung der Atombombe aufwirft, überlassen wir der freien Diskussion der Leser. Wir können nur das eine mit Sicherheit und aufgrund unserer eigenen Erfahrung in Hiroshima sagen: Wenn die Atombombe im neuen Krieg eingesetzt werden sollte, würden die Kriegsfolgen noch viel verheerender sein als in diesem letzten. Wir sind überzeugt, daß auf der Basis von internationalen Vereinbarungen die Atombombe als Kriegswaffe ausgeschlossen wird. Die Realisten werden das allerdings leugnen. Und sie haben Gründe dafür. In einem totalen Krieg unserer Zeit wird jedes Land die wirkungsvollsten Vernichtungswaffen einsetzen, die es besitzt, genauer gesagt, Waffen, die am durchschlagendsten die Vernichtung des Gegners gewährleisten, um so schnell wie möglich der Sieger in diesem Krieg zu sein. Die Frage, die sich hinsichtlich der ethischen Verantwortbarkeit der Atombombe stellt, läuft also darauf hinaus: ob ein totaler Krieg erlaubt ist oder nicht, als Mittel, um ein Ziel zu erreichen, sei dieses in sich gut oder schlecht.

Zum Wiederaufbau von Hiroshima

Aber lassen wir es dabei, und kommen auf Hiroshima zurück. Da ist das Problem des Wiederaufbaus. Während der ersten Wochen nach der Zerstörung ging das Gerücht, die Stadt werde nicht wieder aufgebaut werden. Man sagte das, weil man meinte, die Radioaktivität würde dort für 75 Jahre oder länger jede Art von Tier- und Pflanzenleben unmöglich machen. Aber es war ein Irrtum. Der Frühling kam, und die Pflanzen wuchsen wieder, allerdings mit Ausnahme derer, die dem Menschen nützlich sein konnten. Auf jeden Fall überwucherte das Unkraut bald die Ruinen. Man sagte auch, daß die Präfektur, die Universität und andere wichtige Institutionen in andere Orte verlegt werden sollten, aber diese Pläne sind schon seit langem wieder aufgegeben worden. Die Büros der Präfektur sind schon wieder in der Stadt eingerichtet, natürlich in einem anderen Gebäude, denn das frühere, das aus Holz war, ist völlig abgebrannt. Das Rathaus wurde nach dem Bombenabwurf noch benutzt, obwohl es keine Fenster und Türen mehr besaß; denn alles, außer den Zementmauern, den Zimmerdecken und den Treppen, war von den Flammen vernichtet worden.

Viele Privathäuser hat man wieder aufgebaut. Größtenteils handelt es sich um kleine Baracken. Aber es gibt ausgebreitete Stadtviertel, und dies ist der größte Teil der Stadt, die noch [1947] wüst und unaufgeräumt darnieder liegen. Die Arbeit geht nur langsam voran, weil so viele Leute umgekommen sind... Trotz allem ist der Stadtrat fest entschlossen, die Stadt wieder aufzubauen. Es wird zweifellos viele Jahre dauern, weil Materialien und Transportmittel äußerst knapp sind. Aber das wesentlichste, die Pläne der neuen Stadt, sind bereits entworfen und warten nur darauf, ausgeführt zu werden.

Was ich gedacht habe

Ein Mahnmal für die Opfer – Einrichtungen für die Hinterbliebenen

Meine beinahe wunderbare Rettung von der Atombombe brachte viele dazu, mich zu beglückwünschen. Es waren so viele gestorben!... Diese Freundschaftsbeweise waren eine Wohltat für mich, und ich war dankbar, daß man mich so schätzte. Aber, ehrlich gesagt, konnte ich mich während mehrerer Wochen durchaus nicht glücklich fühlen. Es erscheint vielleicht eigenartig, aber die Tatsache war, daß ich mich äußerst traurig fühlte. Ich fühlte mich allein unter den Lebenden, wie erfüllt von Wehmut um die, die gestorben waren. Ich dachte daran, daß ich den Christen, die jahrelang in meiner Obhut waren, nicht mehr helfen konnte und daß es meine Pflicht gewesen wäre, bei ihnen zu bleiben, mit ihnen zusammen zu sein, wie der Hirte mit seinen Schafen. Andererseits stand für mich fest, daß ich, da der Herr mich nicht zu sich genommen hatte, seinen Plänen entsprechen würde, indem ich mich noch mehr als bisher für das japanische Volk einsetzte. Die Überlegungen waren deutlich, aber mein Herz blieb traurig, und es fehlte ihm nicht an Gründen. In jenen Tagen, als mich so viele innere Konflikte bewegten, entstand in mir ein Gedanke, der mich seitdem nicht mehr losläßt, und zwar ist es die Vorstellung, daß man etwas tun müsse zum Andenken an diejenigen, die durch die katastrophalen Atombomben umgekommen sind. Dieser Gedanke verdichtete sich zu dem Plan, eine Gedenkkirche zu errichten. Je mehr ich daran dachte, desto fester war ich davon überzeugt, daß man das tun müsse und gut tun müsse, da ja diese Menschen der ersten Atombombe, die man bis auf den heutigen Tag abgeworfen hat, zum Opfer fielen. Und nicht nur deshalb, sondern auch, weil diese Opfer das Ende des größten aller Kriege herbeiführten. Ohne sie wäre der Krieg noch einige Zeit weiter gegangen. Vielleicht wäre eine Invasion Japans nötig geworden, was ziemlich viel Zeit beansprucht und auf beiden Seiten unzählige Opfer mit sich gebracht hätte, da Japan sich bis zum Äußersten verteidigt hätte. Hunderttausende und vielleicht Millionen von Menschenleben sind durch die Opfer von Hiroshima gerettet worden. Für mich ist eindeutig, daß nicht nur Japan, sondern die ganze Welt den Opfern der Atombombe ungeheuren Dank schuldet. Wie kann man diese Schuld bezahlen?

Vor allem mit etwas, was für alle Zeiten an sie erinnert. Ich glaube, daß wir als Christen nichts besseres tun können, als ihnen zu Ehren eine schöne Kirche zu errichten. Ich habe mit vielen Japanern und Amerikanern über diesen Plan gesprochen. Der Gedanke ist mit Enthusiasmus aufgenommen worden, und man hat bereits angefangen, für dieses Ziel zu sammeln, um eine vollkommene Arbeit zu leisten, so daß man sagen kann, daß es eine Kirche sei, dem Gedenken entsprechend würdig und angemessen. Selbstverständlich ist, daß diese Kirche, wie jede andere katholische Kirche, nicht nur ein Gedenkort ist, wie es zum Beispiel ein Standbild oder irgendein anderes Monument sind, die nur dazu da sind, um angeschaut zu werden. In diesem Falle geht es um eine Kirche, in der täglich Gottesdienst gefeiert werden soll, wo jeder Mensch zu jeder Tageszeit hingehen kann, um zu beten. Die Kirche soll für die Bewohner von Hiroshima sein, sowohl für die Lebenden als auch für die Verstorbenen, für die Waisen und für die Eltern, die ihre Kinder verloren haben. Brüder und Schwestern werden dort beten und werden dort Licht und Kraft empfangen, um auf dem Weg in den Himmel weiterzugehen.

Diese Votivkirche zu bauen, ist das Erste, was getan werden sollte. Der Gouverneur von Hiroshima, dem ich von diesem Plan erzählte, war sehr angetan davon und versprach jegliche Unterstützung, daß die neue Stadtplanung eine ausreichende Erweiterung des jetzigen Kirchengrundstücks für den Bau der zukünftigen Gedächtniskirche berücksichtigen würde. Der verantwortliche Offizier teilte mir mit, daß nach den neuen Stadtplänen die Kirche auf drei Seiten von einem Park umgeben sein werde, so wie es bei buddhistischen Tempeln und Shintoschreinen geschieht, um diese mit Natur zu umgeben und durch Bäume und Pflanzen vom Straßenlärm abzuschirmen.

An zweiter Stelle ist es dringend nötig, ein Waisenhaus zu eröffnen. Es erübrigt sich zu sagen, daß hier für Hiroshima ein brennendes Problem liegt. Es gibt in Japan viele Waisen, deren Väter im Krieg gefallen oder deren Eltern bei Bombenangriffen ums Leben gekommen sind. Häufig wurden die Kinder evakuiert, während die Eltern in der Stadt blieben, um da zu arbeiten. Viele von ihnen sind währenddessen umgekommen. Als die Kinder nach Kriegsende in die Städte zurückkamen, waren ihre Elternhäuser verbrannt und ihre Eltern tot. Es gibt ein oder zwei Waisenheime, die nicht von Christen geleitet werden, und sie haben große Schwierigkeiten, das nötige Personal und die finanziellen Mittel aufzubringen. Man hat uns die Obhut eines dieser Heime angeboten, aber wir sind finanziell nicht in der Lage, es zu übernehmen. Man müßte etwas tun, und zwar so bald wie möglich.

Auch die caritative Arbeit und Erziehung sind nötig: Man braucht eine Mittelschule für Mädchen und eine für Jungen. Es sind so viele Schulen ausgebrannt in Hiroshima, daß die neuen vielen zugute kommen würden.

In unseren Bauplänen stehen schließlich noch ein Vortragssaal, der auch für musikalische Veranstaltungen geeignet sein muß, und eine Bibliothek. Dort soll wirksame kulturelle Arbeit für die Bevölkerung im allgemeinen stattfinden. Die Bedeutung und der Sinn dieser kulturellen Arbeit sind nicht zu unterschätzen und sollen noch näher erklärt werden. In Japan ist dies die beste Art und Weise, mit der gebildeten Schicht der Bevölkerung Kontakt zu bekommen, die nicht christlich ist. Alles in allem also: eine Votivkirche, organisierte Caritas und Erziehung, das ist es, was wir im neuen Hiroshima aufbauen wollen, auf den Ruinen der alten

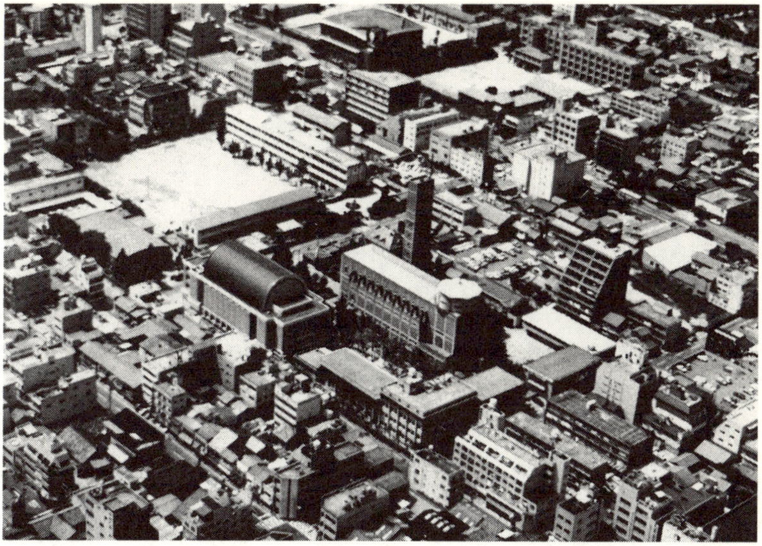

Stadt. Die neue Stadt wird breitere Straßen haben, eine große Anzahl Parkanlagen, und wir hoffen alle, daß es eine schöne Stadt werden wird. Die Einwohnerzahl dieser Stadt wird wesentlich kleiner sein als die frühere. Man sagt sie werde nur 130 000 Einwohner betragen im Gegensatz zu den 400 000 von ehedem. Aber jetzt wird Hiroshima Präfekturhauptstadt sein, mit Büros, Universität und anderen Erziehungseinrichtungen, wodurch es großen Einfluß auf die anderen Orte dieses Teiles Japans haben wird. Außerdem wird die Stadt zweifellos wieder wachsen, ihrer günstigen Lage wegen, und wir nehmen an, daß sie die ehemalige Einwohnerzahl wieder erreichen wird. Diese Projekte werden auch u.a. dazu beitragen, das Anwachsen und die Ausbreitung des Christentums in Japan zu fördern.

Durch Vernichtung zu einem neuen Japan

Warum nahm Japan an diesem Krieg teil?

Bevor wir uns dem neuen Japan zuwenden, das aus den Ruinen seines Unterganges entsteht, müssen wir uns mit der letzten Etappe des alten Regimes befassen. Das wird uns helfen, die Zukunft besser zu verstehen. Denn obwohl die Zukunft anders sein wird als die Vergangenheit, wird doch eine Verbindung zwischen beiden bestehen müssen. Es wird zweifellos verborgene weiterführende Bezüge geben, die von der Vergangenheit in die Zukunft hinüberreichen, auch wenn wir sie jetzt noch nicht sehen können. Es kann zwar große Veränderungen zwischen verschiedenen Epochen in der Geschichte einer Nation geben, aber eins ist sicher und kann nicht übersehen werden, nämlich daß dieses Land über Jahrtausende eine eigene Geschichte durchgemacht hat. Darum ist es angebracht, diese Geschichte und die geistige Entwicklung kurz zu skizzieren. Dazu genügt es, die Geschehnisse dieser Jahrzehnte zusammenzufassen. Sie haben das Klima des alten Japans aufscheinen lassen und zeigen in gewisser Weise, was Japan früher war.

Warum nahm Japan an diesem Krieg teil? Wer außerhalb des Landes lebt, wird vielleicht sagen, daß die Motivation »Imperialismus« war, Expansionspolitik, Machtdurst und alles, was auf künstliche Weise vom Militär aufgebaut worden war; das Volk habe in Unwissenheit gelebt, habe geglaubt, was man ihm sagte, und schließlich ausgeführt, was man ihm befahl. Es ist möglich, daß die Japaner zum Teil selbst verurteilen, was man aufgrund des Militarismus getan hat. Aber persönlich glaube ich nicht, daß dies die Meinung derer ist, die in Ruhe die Vergangenheit Japans untersuchen. Sicher werden diese Leute, das heißt die gebildete Schicht, nicht alles, was geschehen ist, rechtfertigen. Und es ist auch nicht meine Absicht, das zu tun, wenn ich jetzt erkläre, daß es nicht nur eine verrückte Idee militären Extremismus war, die Japan in einen Krieg hineinriß, aus dem es wahrscheinlich niemals siegreich hätte hervorgehen können. Wir haben nämlich gehört, daß hervorragende Offiziere der Marine und der Streitkräfte vor seinem Beginn sich dem Krieg widersetzten, weil sie überzeugt waren, daß Japan niemals siegreich gegen die Vereinigten Staaten von Amerika kämpfen könnte. Trotz dieser Widerstände hat sich das Land in den Krieg gestürzt, und heute fragen wir, wie es dazu kommen konnte, daß gerade diejenigen, die nicht so weise und voraussehend waren, ihre Idee so durchsetzen konnten, daß sie ausgeführt wurde. Nicht nur im Hinblick auf Japan, sondern auch auf andere Länder, muß man sagen, daß Dinge geschehen sind, die man nicht einfach nur den verrückten Ideen einiger weniger zuschreiben kann, wie es im ersten Moment den Anschein haben mag. Was Japan angeht, so verbergen sich hinter dem Imperialismus und dem Ehrgeiz des Militärs das vielbesprochene Problem des Bevölkerungsüberschusses, und möglicherweise ist dies das Hauptproblem der letzten Jahrzehnte. Es ist so, daß sich die Bevölkerung in den letzten fünfzig Jahren bis zum Jahr 1947 verdoppelt hat und noch immer wächst. Das wäre nicht schlimm, wenn das Land reich wäre, aber das war nicht so. Statistische Berechnungen von 1925 ergaben, daß in Japan 993 Menschen auf einem Quadratkilometer bebaubaren Landes wohnen. Das übrige sind Berge. Vergleichen wir diese Zahlen mit denen anderer Länder, so stellen wir aufgrund derselben Berechnungen fest, daß in Deutschland 305 Bewohner auf dieselbe Fläche kamen, in Italien 307, in Belgien 640, noch dazu unter besseren Bedingungen als in Japan. Trotz allem sagt man, daß diese Länder zu wenig Raum besaßen. Wenn wir nun den Vergleich mit Japan ziehen, ist das Resultat, daß Japan über viel zu wenig Raum verfügt. Trotzdem wählte Japan den Krieg nicht als erstes Mittel, um dieses Überbevölkerungsproblem zu lösen. Viele Leute wanderten aus, aber sie wurden zunehmend geächtet, und man mußte die Auswanderung begrenzen. Ich bezweifle auch nicht, daß die anderen Länder ihre Gründe hatten, den Japanern keine Einwanderungserlaubnis zu gewähren. Ich habe nicht die Absicht, auf diese Gründe einzugehen, noch möchte ich irgendwen anklagen. Aber zweifellos wird es viele Gründe gegeben haben, weswegen Japan seine Probleme nicht lösen konnte, so daß sie Jahr für Jahr größer und akuter wurden. Eine friedliche Lösung derselben hätte zwar theoretisch einfach sein können, praktisch war es jedoch ungeheuer schwer. Wenn es eine internationale Kommission gegeben hätte, die über Mittel verfügte, um diese Probleme unter den Ländern zu lösen, wäre es möglich gewesen, einen Ausweg ohne einen Krieg zu finden. Aber alle dahingehenden Bemühungen, eine derartige Kommission oder Völkerbund zu errichten, scheiterten, wie die ganze Welt weiß. Daher ist es kein Wunder, daß diejenigen Japaner, die im Krieg das einzige Mittel sahen, die vielen Probleme zu lösen, sich durchsetzen konnten.

Ich erinnere mich, daß vor dem Krieg Erklärungen veröffentlicht wurden, worin es hieß, es sei ungerecht, daß einige Nationen über mehr Raum verfügten, als sie benötigten, während andere nicht einmal über den nötigsten verfügten. Natürlich rechtfertigt das alles nicht, daß ein Volk seinerseits einen Krieg anfängt. Aber kann es uns verwundern, wenn es geschieht? Immerhin, Japan hat den Krieg verloren und ist bei dem Versuch, eine Lösung für seine Probleme zu finden, gescheitert. Ja, noch schlimmer, es steckt nun in weit größeren Schwierigkeiten, und es ist mehr denn je eine dringende Aufgabe, den Bevölkerungsüberschuß unterzubringen. Dazu kommt noch, daß viele, die in den letzten Jahren aus Japan ausgewandert sind, wieder in ihr Land zurückkehren mußten. Es ist klar, daß dies Problem gelöst werden muß. Wie es gelöst werden kann, ist eine Sache, die wir hier nicht diskutieren wollen.

Das Problem des Bevölkerungsüberschusses war der verborgene Grund, der sich hinter all den anderen Gründen, die Japan in den Krieg stürzten, verbarg. Ich habe gesagt: verbarg, denn während des Krieges kam dieser Grund selten oder gar nicht zur Sprache als Rechtfertigung oder Auslöser des Krieges.

Es gab dagegen eine andere Auffassung, daß Japan alle Völker des Fernen Ostens von der amerikanischen und europäischen Unterdrückung befreien würde. Alle diese Nationen würden eine eigene Regierung haben und würden einer ökonomischen Union unter der Aufsicht Japans angehören. Es ist verständlich, daß dieser Plan für viele sehr verlockend war. Es war tatsächlich so, daß viele Leute, und sogar die Regierung selbst, davon überzeugt zu sein schienen, daß Japan dazu berufen sei, eine neue Ordnung im Fernen Osten einzuführen, auf der Basis von Gleichheit und Gerechtigkeit. Für die Menschen im Westen wird vieles, was Japan in den besetzten Ländern ausgeführt hat, sich nicht mit diesem Ideal vereinbaren lassen. Aber es ist eine Tatsache, daß man in Japan davon überzeugt war, diesen Krieg führen zu müssen, weil es um eine gerechte Sache gehe. Man kämpfte nicht wider Willen, etwa unter dem Zwang des Militärs, sondern man war davon überzeugt, daß dieser Krieg von japanischer Seite her unvermeidlich war, daß man um das eigene Leben und um das Wohlsein des ganzen Orients kämpfen müsse. Oft hörte man Leute fragen: Wozu kommen die Amerikaner zu uns in den Orient und kämpfen, wenn sie doch in ihrem eigenen Land alles Nötige haben?

Noch einmal möchte ich klarstellen, daß es nicht meine Absicht ist, Japan in dieser Angelegenheit zu rechtfertigen. Ich möchte meinen Lesern nur die Haltung, die das japanische Volk während des Krieges allgemein annahm, verständlich machen. Manche werden sagen, so etwas sei Hypokrysie. Aber ich bin der Meinung, daß der größte Teil der Bevölkerung es ehrlich meinte.

Die Japaner während des Krieges

Mythologie der Treue zum Kaiser

Vor allem dürfen wir nicht aus dem Blick verlieren, was über die Idealvorstellungen, mit denen die Japaner während der letzten Etappe des Krieges kämpften, gesagt wurde. Diese Idealvorstellungen wurden verbreitet und ideologisch unterbaut. Natürlich wurde gleichzeitig auch das nationale Selbstbewußtsein betont. Es gipfelte in der Treue, die man dem Kaiser schuldete. Das war allerdings keine neue Idee, sie bestand vielmehr schon seit den Anfängen des Kaiserreiches. Aber es gab Zeiten, in denen sie nicht so lebendig war, und zwar immer wenn der Kaiser relativ wenig Macht besaß. Sie ist jedoch niemals ganz erloschen, denn man hielt den Kaiser stets für etwas Heiliges. Wenn wir uns nun in die japanische Literatur vertiefen, entdecken wir nicht nur einzelne Texte, die diese Mentalität widerspiegeln, sondern wir stellen fest, daß die Literatur ganz und gar von diesem Geist durchdrungen ist. Es sind unzählige Gedichte geschrieben worden, in denen diese Treue dem Kaiser gegenüber zum Ausdruck kommt. Was die Regierungsform angeht, so hatte Japan keine Monarchie von der Art, wie sie in anderen Ländern angetroffen wird, sondern eher eine Theokratie. Die Japaner selbst haben sie oft mit der jüdischen Theokratie verglichen. Mit anderen Worten, alle Autorität lag beim Kaiser. Wenn eine neue Regierung einberufen werden mußte, bestimmte der Kaiser den Mann, der sie organisieren mußte. Der Kaiser selbst hatte seine Autorität von seinen Vorfahren geerbt und führte ihren Ursprung auf die prähistorische Zeit der Sonnenkönigin Amaterasu zurück, welche als Urahne des Kaisers und des ganzen japanischen Volkes angesehen wird. So galt der Kaiser als Vater des japanischen Volkes. Diese Beziehung zwischen Kaiser und Volk ist äußerst wichtig für das Verständnis der japanischen Mentalität.

Der Kaiser ist nicht nur die erste politische Autorität, dem alle Gehorsam schulden, sondern auch der geliebte Vater der ganzen Nation als Familie. Daher kommt es, daß wir in diesem japanischen Patriarchat nicht nur kaltem Gehorsam begegnen, sondern einer wahrhaft kindlichen Liebe, auf der die Beziehungen zwischen Regierung und Untertanen basieren. Wir brauchen nur an ein Beispiel zu denken. Als die Kommunisten den Vorschlag machten, der Kaiser solle abdanken, lehnte das der größte Teil des Volkes mit Nachdruck ab. Man zog die kaiserliche Verfassung vor, obwohl das wesentlich weniger politische Macht bedeutete.

Als während des Krieges das nationale Selbstbewußtsein noch besonders bestärkt wurde, wuchs zu gleicher Zeit deutlich die Loyalität zum Kaiser, oder, um es genauer auszudrücken, die »Verehrung« des Kaisers. Es war nur konsequent, daß man daher die japanische Mythologie wieder in den Vordergrund rückte, da diese die mythologische Rechtfertigung für die absolute Autorität des Kaisers in der Tradition darstellt. Anders ausgedrückt, Mythologie und Geschichte waren untrennbar miteinander verbunden. Allerdings gab man dieser Überlieferung nicht den Namen »Geschichte«. Sie wurde eher wie eine Art Glauben wach gehalten; man ging sogar so weit, daß man diese Mythologie mit der Heiligen Schrift oder den heiligen Büchern der Christen verglich, worin viele Dinge vorkommen, wie zum Beispiel die Wunder, die für den Verstand absurd sind, aber dennoch von der Bibelkritik nicht zerstört werden konnten. Diese Haltung der Mythologie gegenüber mag uns unlogisch vorkommen oder wenigstens nicht wissenschaftlich. Aber die östliche Mentalität ist anders als die unsrige. Außerdem kann man zugunsten des japanischen Volkes sagen, daß die Mythologie, die über Jahrhunderte die alten Überlieferungen festgehalten hat, eine Art Glaubensbekenntnis des japanischen Volkes darstellt. Da die Überzeugung von der unbegrenzten Macht des Kaisers bereits in diesen alten Überlieferun-

gen lebt, können wir wohl mit Recht annehmen, daß die entsprechende Regierungsform ebenso seit vielen Jahrhunderten im alten Japan bestanden hat.
So entstand die Verehrung des Kaisers. Aber um einem Mißverständnis vorzubeugen, scheint es mir angebracht, hier eine Erklärung anzufügen. Obwohl der Kaiser »Gott« genannt wurde, wurde er doch nie als solcher angesehen in dem Sinne, wie wir das Wort Gott verstehen. Er wurde für Gott gehalten im selben Sinne wie die anderen berühmten Persönlichkeiten in der Geschichte seines Landes. Niemand wurde deswegen in Japan gezwungen, seine Religion zu verleugnen, um den Kaiser zu verehren. Es war sozusagen nicht ein Kultus im religiösen Sinne des Wortes. Das ist klar ersichtlich aus den offiziellen Statuten der Regierung. Das einzige, worauf man bestand, das war die absolute Treue dem Kaiser gegenüber. Natürlich konnte diese Treueverpflichtung eine gefährliche Waffe in den Händen gewisser Leute sein, die den christlichen Glauben aufgrund von Vorurteilen oder aus anderen Gründen bekämpfen wollten, wie es nicht selten geschehen ist, sehr zum Leidwesen vieler Missionare. Aber im allgemeinen waren diejenigen, die solche Unannehmlichkeiten verursachten, einfache Offiziere niederen Ranges.

Hochschätzung der furchtlosen Krieger

Treue zum Kaiser war also die Devise der japanischen Soldaten. Für sie bedeutete der Kaiser Japan; für ihn wollten sie bis zum Ende kämpfen. Da man es als Ehrverlust betrachtete, war der Gedanke, sich dem Feind auszuliefern, ausgeschlossen, nicht einmal, wenn die Lage aussichtslos war. Wenn man nicht im Kampf sterben konnte, mußte man sich durch Harakiri umbringen. Mit derselben Mentalität wie die Spartaner unter Leonidas, kämpften die Japaner, bis der letzte fiel. Gefangengenommen zu werden, bedeutete ein großes Unglück und solche Erniedrigung, daß ein japanischer Soldat, der einmal gefangen genommen wurde, nie wieder in sein Land zurückkommen konnte. Das erinnert wieder sehr an die Spartaner. Andererseits hat man die japanischen Soldaten auch vieler Greueltaten beschuldigt. Das mag stimmen, sicher ist jedoch, daß sie in erster Linie schreckliche todesmutige Kämpfer waren. Vielleicht hängt beides miteinander zusammen, ist das eine die Folge des anderen. Man muß auch bedenken, daß diese Greuel nicht so sehr am Anfang des Krieges geschahen, sondern erst später, als die Soldaten schon mit der Überzeugung in den Krieg zogen, daß sie nie wieder in ihre Heimat zurückkehren würden, was sicher ein wichtiger Gesichtspunkt dabei ist.

Ich erinnere mich an einen jungen Offizier, der von mir Abschied nahm. Als ich ihm die Hand gab, benutzte ich die Formulierung, die der Wendung »bis bald« entsprach. Daraufhin erwiderte er: »Nein, sie bleiben hier, um zu leben, aber ich ziehe fort, um zu sterben.«

Aufgrund dieser Denkweise besitzen die japanischen Soldaten hohes Ansehen, und zwar nicht nur diejenigen, die auf dem Schlachtfeld gefallen sind, sondern auch die lebenden, und deswegen gab es auch immer Freudenkundgebungen, wenn jemand zur Armee eingezogen wurde. Hunderte von Kindern mit Fähnchen in den Händen und viele Erwachsene erwarteten den Betreffenden am Bahnhof oder stellten sich am Rand der Schienen auf, wo der Zug vorbeifahren würde. Jedes Haus, aus dem ein Familienmitglied für das Vaterland Dienst tat, war in besonderer Weise gekennzeichnet. Diese Gewohnheit gab es mehr oder weniger bis zum Ende des Krieges.

Die Gefallenen wurden verbrannt und ein Teil der Asche an ihre Familien geschickt, wo er mit großen Ehren empfangen wurde. Das ganze Dorf oder der gesamte Stadtteil nahm daran teil. Die Asche wurde in Urnen aufbewahrt, die in ein weißes Tuch einge-

hüllt waren, damit sie von allen erkannt werden konnten. Die Menschen verbeugten sich der Reihe nach vor den sterblichen Überresten der eingeäscherten Gefallenen, jeder der vorüberging, nahm den Hut ab. Aber der feierlichste Akt fand in Tokyo im Nationaltempel Yasukuni zu bestimmten Zeiten statt, um Tausenden von Toten gemeinsam die letzte Ehre zu erweisen. Eltern, Kinder und Verwandte aus vielen noch so abgelegenen Orten Japans kamen dahin, um der, wie wir sagen könnten, Kanonisierung oder Heiligsprechung ihrer Familienangehörigen und Freunde beizuwohnen. Es gab keinen größeren Trost für das Volk, als die persönliche Gegenwart des Kaisers, mit der er denen, die für das Vaterland gefallen waren, die letzte Ehre erwies. Es gibt kein Land, das seine toten Soldaten nicht ehrt, aber wohl keines, das ihnen so große Ehren zukommen läßt wie Japan. Für die Japaner hat das Leben keinen Wert, wenn es nicht für die Sache des Kaisers und des Vaterlandes hingegeben wird.
Die Ehrenbezeugung ging so weit, daß sich zu Beginn jeder Versammlung alle Anwesenden verbeugten und in einem stillen Gebet der Gefallenen gedachten. Danach setzte man sich, und die Sitzung wurde eröffnet.

Kriegsbeteiligung der Zivilbevölkerung

Zu dieser Pflege des Nationalbewußtseins kam auch ein großes Bemühen um moralische Erneuerung, man hob die alten japanischen Tugenden hervor wie Selbsthingabe, genügsamer Lebensstil, Voranstellen des Gemeinwohls vor dem individuellen und das Bestreben, alles zugunsten der heiligen Sache aufzuopfern usw. Um diesen Geist zu stärken, wurden geistliche Übungen abgehalten. Schon in alten Zeiten übten die Krieger die buddhistische Meditation, um ihren kriegerischen Geist zu stärken. Diese

Meditationen befaßten sich mit der Verachtung aller Dinge, mit der Gleichheit von Leben und Tod usw. Übungen dieser Art gab es im ganzen Land für alle Gesellschaftsschichten.
Es erübrigt sich, auf den Shintoismus einzugehen, der allgemein bekannt ist. Ich möchte nur die Unterschiede zwischen dem offiziellen Staatsshintoismus und dem Shintoismus als Privatreligion herausstellen. Der erste gilt nicht als Religion, aber als Verpflichtung für alle, bei bestimmten Gelegenheiten einen Tempel zu besuchen. Dies bedeutet lediglich eine Loyalitätsbekundung gegenüber dem Staat. Die zweite Form des Shintoismus ist nicht verpflichtend und in mehrere strikt religiöse Sekten aufgeteilt. Daß man im Krieg mehr als in den vorangegangenen Jahren dazu anregte, die offiziellen Tempel zu besuchen, geschah in dem Bestreben, den Nationalgeist zu stärken, den man noch auf allerlei andere Art förderte, denn man verlangte dem Volk auch große Opfer ab. Zum Beispiel mußten diejenigen, die nicht eingezogen wurden, und auch Kinder, in der Kriegsindustrie arbeiten. Mit der Zeit hatten Jungen und Mädchen der Mittel- und Oberschulen immer weniger Unterricht, so daß es gegen Ende des Krieges nur noch sehr wenig Unterrichtsstunden gab. Die Kinder zogen mit ihren Lehrern in Gruppen von der Schule in die jeweilige Fabrik, und ihre Schulräume wurden als Büro für verschiedene Firmen der Kriegsindustrie oder als Kasernen gebraucht. Als die Fliegerangriffe zunahmen, wurden die Kinder der Grundschulen aufs Land evakuiert, wo sie in Tempeln oder anderswo Unterkunft fanden, wenn sie ihre Eltern nicht zu Verwandten oder Bekannten auf das Land schicken konnten. Im allgemeinen mußten alle Kinder, außer den allerkleinsten, während des Krieges arbeiten. Auch hierin konnte man die ungeheure Anstrengung des ganzen Volkes erkennen. Man wußte, daß man, was Maschinen und Material betrifft, nicht mit den Nordamerikanern wetteifern konnte. Aber man wollte diesen Nachteil durch kämpferischen Geist und erhöhte Anzahl arbeitender Bevölkerung ersetzen. Sicher waren einige nicht damit einverstanden, auch war

es für alle sehr hart. Aber im allgemeinen brachte man das Opfer in der ehrlichen Überzeugung, daß es nötig war, sich einzusetzen und für ein hohes Ziel zu sterben. Man kann sagen, daß dieser Krieg dem alten Japan den höchsten Einsatz abverlangte und seinen letzten großen Kraftaufwand forderte. Mögen manche anders darüber denken, ich, der die ganze Zeit mit ihnen umgegangen bin, habe während des Krieges immer große Bewunderung für die Japaner gehabt. Das Tragische war, daß alle diese Anstrengungen auf ein Ziel gerichtet waren, das unerreichbar und zudem ein Irrtum war. Es wäre nicht so tragisch gewesen, wenn es bei einem großen Einsatz geblieben wäre; aber es mehrten sich unzählige Opfer. Der Anfang des Krieges verlief für Japan siegreich. Es eroberte ausgedehnte Gebiete des Orients, und es schien, als könne es fast bis Ostindien und sogar Australien vordringen. Die Japaner hatten Erfolge, die ihre eigenen Erwartungen übertrafen. Aber dann schlug alles um. Es geschah, was einer der hervorragendsten Marineoffiziere Japans, der sich gegen den Krieg eingesetzt hatte, vorausgesagt hatte, daß nämlich die Japaner nur während des ersten Jahres siegreich sein könnten, dann aber verlieren müßten. Japan rückte immer mehr in die Verteidigung, und bald sah es ein, daß es den Krieg nicht gewinnen konnte. Japan verlor Saipan, eine der Marianas-Inseln, und war seitdem den intensiven Luftangriffen der nordamerikanischen Marine ausgeliefert. Vor diesem Zeitpunkt waren die Lebensmittel schon knapp geworden. Die Rationen wurden immer kleiner. Dazu kam noch der Materialmangel. Bürger und Gemeinden mußten alles, was für Kriegszwecke zu verwenden war, abliefern. Alle Metallgegenstände, eiserne Türen, Heizgeräte, Eisenstangen, sogar Eisenbänke, die durch Holzbänke ersetzt worden waren, wurden eingesammelt. Gleichzeitig nahmen die Luftangriffe zu. Hunderte von Bomben erschienen am Himmel. Die Städte standen gänzlich oder zum Teil in Flammen. Die Luftwaffe war der Situation nicht mehr gewachsen, Japan besaß nicht die Mittel, große Flugzeuge zur Abwehr zu bauen. In dieser hoffnungslosen Lage gab es keinen anderen Ausweg, als mit kleinen Jagdflugzeugen »Mann gegen Mann« zu kämpfen. Aber auch diese waren der Überzahl feindlicher Flugzeuge zahlenmäßig unterlegen. Schließlich folgte als Höhepunkt all dieser Leiden der Abwurf der Atombomben, deren wiederholter Einsatz die völlige Zerstörung des Volkes bedeutet hätte.

Religiöse Frage während des Krieges

Bevor wir die letzte Etappe besprechen, wollen wir erst noch auf die religiöse Frage und ihre verschiedenen Aspekte während der Kriegszeit eingehen. Bei dem Krieg mit Rußland vierzig Jahre zuvor gab es unter Buddhisten wie unter den Christen eine starke religiöse Bewegung. Im letzten Krieg dagegen verlief dies anders, und es wäre interessant, den Gründen nachzugehen. Im Hinblick auf das Christentum, ist dies leicht verständlich, wie wir später sehen werden. Aber was geschah mit dem Buddhismus, dem der größte Teil des Volkes angehörte? Auch wenn meine persönliche Meinung vielleicht nicht mit der guter Kenner und Fachleute des Buddhismus übereinstimmt, wage ich doch aufgrund meiner eigenen Erfahrung die Entwicklung folgendermaßen zu beurteilen. Zunächst hat der Buddhismus in den letzten Jahren viel an Einfluß verloren, nicht weil sich viele formell vom Buddhismus abgewandt, sondern weil sie den Glauben verloren haben. Familientradition und die festgelegten Bestattungsfeierlichkeiten, die noch immer eine große Rolle in Japan spielen, brachten mit sich, daß die Bevölkerung ihre Religionsvorschriften nur noch materiell erfüllte. Denn der Durchschnittsbuddhismus war stark mit Aberglauben durchsetzt, und mit zunehmender Zivilisation und Fortschrittsgläubigkeit gewöhnten sich die Japaner daran, Welt und Dinge vom wissenschaftlichen Standpunkt aus zu sehen. Ich will allerdings nicht behaupten, daß der Buddhismus überwiegend

aus Aberglauben besteht, denn das Wesen dieser Religion ist ohne Zweifel etwas sehr Tiefgründiges, was nicht leicht zu verstehen und für weniger Gebildete schwer verständlich zu machen ist. Daher wurde der Buddhismus volkstümlich vermittelt, auf eine Art und Weise, die dem einfachen Volk entsprach. Diese volkstümliche Form des Buddhismus war mit einer fortschrittlichen Erziehung praktisch unvereinbar. Vor allem ein großer Teil der Jugend besuchte selten die Tempel, nur bei besonderen Anlässen, wie zum Beispiel bei einer Bestattung, wenn es darum ging, durch Anwesenheit den Toten zu ehren. Daher glaubte diese Jugend während des Krieges auch nicht, daß die Lösung ihres Problems in der buddhistischen Religion zu finden sei.
Außerdem ist der japanische Buddhismus zu einem großen Teil eher passiv und war daher auch nicht imstande, nationalen Bestrebungen der Regierung entgegenzukommen. Schließlich hat ja der Buddhismus keine nationale Bedeutung, auch wenn er sich in Japan auf eigenständige Weise entwickelt hat. Ich sprach schon von der buddhistischen Meditation, die in früheren Zeiten die Ritter praktizierten, um ihren Charakter zu stärken, und die während des Krieges wieder auflebte, um die Bevölkerung stark zu machen für das Ertragen ihrer Leiden und Selbsthingabe. Doch diese Art der Übung war ihrem Wesen nach nicht religiös und brachte daher auch keine religiöse Bewegung im Buddhismus zustande. Ich möchte in diesem Zusammenhang nicht auf Einzelheiten eingehen, sondern später einiges hinzufügen, wenn wir auf die japanische Kultur zu sprechen kommen.

Christen in Japan und der Krieg

Was ist nun zu der Haltung, die das Christentum während des Krieges einnahm, zu sagen? Gab es dort eine religiöse Bewegung? Wie bereits bekannt, hatten Missionare und Christen allgemein während des Krieges große Schwierigkeiten. Man kann beinahe sagen, daß es für das Christentum keine einzige günstige Geste oder Handlung gab, wenigstens nicht offiziell. Die Gründe hierfür sind klar. Das Christentum wurde zwar offiziell toleriert, aber immer als eine Gefahr für das Land angesehen, da es vom Ausland gekommen war und Verbindungen mit anderen Ländern, sogar mit den Feinden Japans, unterhielt. Sehr oft wurden Christen als Spione und der christliche Glaube als verdächtig angesehen. Man meinte, es sei nicht mit dem echten japanischen Geist zu vereinbaren. Daher befanden sich die Christen oft in peinlichen und schwierigen Situationen gegenüber ihren nichtchristlichen Landsleuten. Unter diesen Bedingungen konnte natürlich keine Rede sein von einer Bewegung zum Christentum. Zwar gab es immer einige Konvertiten, aber es waren nur sehr wenige. Allerdings entstand an vielen Orten, besonders als die Lage für Japan immer schlechter wurde, so etwas wie eine Untergrundbewegung, die dem Christentum gut gesinnt war, zumindest der katholischen Kirche. Viele fühlten sich von ihr angezogen, aber Kontakt mit Ausländern war immer verdächtig. Außerdem war jeder viel zu beschäftigt und ein regelmäßiger Unterricht nicht möglich, was diejenigen beeinträchtigte, die Interesse am Glaubensunterricht hatten. Einige Situationen waren für die Katholiken günstig, vor allem, daß viele Japaner durch die Eroberung der Philippinen entdeckten, daß die katholische Kirche eine Weltreligion ist, was sie bis dahin nicht wußten; denn es gab nur wenige Katholiken in Japan: 130 000 bei einer Gesamtbevölkerung von 70 Millionen. In den Philippinen begegneten die Japaner Tausenden von Katholiken, und aus politischen Gründen war die Regierung diesen sogar wohlgesonnen. Etwas anderes, was vielen die Augen öffnete, war die Tatsache, daß japanische Soldaten, die in China kämpften, viele katholische Kirchen sahen und Missionare trafen, die trotz des Krieges bei ihrer Gemeinde blieben. Die unparteiische Haltung des Vatikans gegenüber den heftigen Auseinandersetzungen trugen auch zu einer günstigen Meinung bei, ebenso Artikel und Berichte über den Heiligen Stuhl in den japanischen Zeitungen. Hätte nicht die enge Sicht einiger japanischer Offiziere bestanden, hätte die katholische Kirche während des Krieges eine besonders gute Chance gehabt, sich zu entfalten. Immerhin ist dieses alles eine Vorbereitung für die folgenden Jahre gewesen, wie wir noch beschreiben möchten.

Japan nach dem Krieg

Der Zusammenbruch des japanischen Reiches

Wir sprachen bereits von der Kapitulation und der Reaktion der Japaner. Wenn wir bedenken, was über die Zielvorstellungen Japans im Kriege und seine Pläne für den fernen Osten gesagt wurde, läßt sich besser verstehen, was die Kapitulation für Japan bedeutete, nämlich den totalen Zusammenbruch des alten Kaiserreiches mit seiner über zweitausendjährigen Geschichte. Wenn es mir erlaubt ist, einen Vergleich zu ziehen, kann man sagen, daß das Kriegsabenteuer Japans auffallende Ähnlichkeit mit dem griechischen Mythos von Ikarus besitzt. Ikarus, der Sohn jenes einfallsreichen Dädalus, der das Labyrinth auf Kreta baute, versuchte mit Hilfe seiner Flügel, die sein Vater zusammengestellt hatte, bis zur Sonne zu fliegen. Als er sich jedoch der Hitze zu stark aussetzte, schmolz das Wachs, das die Federn zusammenhielt, und er fiel vom Himmel in das Ägäische Meer, wo er ertrank. So hatte auch Japan ein hochgestecktes Ziel, das seine Augen blendete. Es täuschte sich in der Sicht der Wirklichkeit und in seinen Berechnungen. Es entwarf Pläne, die es nicht ausführen konnte. Es mußte daher scheitern. Das bedeutete nicht nur ein Scheitern seines Unternehmens in den letzten beiden Kriegsjahren, sondern viel mehr. Es war ein Zusammenbruch des gesamten alten japanischen Reiches mit seiner Staatsstruktur, so wie die Japaner sie bisher verstanden hatten, deren Fundament in erster Linie die Rolle des Kaisers war. Das war es, was sie am meisten traf; denn nie zuvor hatte man die Staatsstruktur Japans so betont, wie gerade in den letzten Jahren. Daß die Kapitulation die Japaner so tief traf, ist kein Wunder. Die Streitkräfte waren fest entschlossen, sich nicht zu ergeben, es sei denn, die Bedingungen für den Frieden würden so sein, daß Japan sie ohne Ehrverlust annehmen könnte. Soweit ich das beurteilen kann, hätte Japan sicher gern den Krieg beendet, wäre ihm ein annehmbares Friedensangebot gemacht worden. Nach dem Zusammenbruch Italiens und später von Deutschland blieb Japan allein im Kampf zurück. Was die Lage noch verschlechterte, war die Kriegserklärung der Sowjetunion an Japan. Es gab keine Möglichkeit, den Krieg zu gewinnen. Bis dahin war es undenkbar, daß die Streitkräfte einer bedingungslosen Kapitulation zugestimmt hätten. Wahrscheinlich war der größte Teil der Bevölkerung, wenn nicht sogar alle, der Meinung, daß Japan eher mit der ganzen Nation untergehen müsse, als sich zu ergeben. Aber der höchste Befehl des Kaisers erreichte das, was unmöglich schien, wie bekannt.

In den ersten zwei Wochen nach der Kapitulation gab es in Japan Leute, die weiterkämpfen wollten und die versuchten, auch andere zu überreden, den nordamerikanischen Besatzungstruppen zu widerstehen. Das war nicht zu verwundern, denn es fiel dem Militär sehr schwer, sich zu ergeben. Dennoch erreichten diese kriegerischen Leute der letzten Stunde nichts. Die Bevölkerung gehorchte dem Befehl des Kaisers. Jedermann war wie gelähmt durch diese furchtbare Niederlage, genauso wie nach dem Atombombenabwurf von Hiroshima. Aber bald erwachte man von dieser Betäubung; man erkannte, daß Japan sich überschätzt hatte und daß das Volk von den Regierenden schlecht geführt worden war. Es war erstaunlich, wie schnell das Volk seine Meinung änderte. Die Besatzungstruppen wurden zwar nicht mit Freuden wie in anderen Ländern, aber doch höflich empfangen. Als die Bevölkerung mit der Besatzung in Kontakt kam, fand sie diese großartig und freundlich; die Vorurteile, die ihnen während des Krieges eingeprägt worden waren, verschwanden bald. Die Regierung bemühte sich ebenfalls, den Wünschen der nordamerikanischen Besatzungsmacht zu entsprechen.

Ich habe hin und wieder gehört, daß einige Ausländer angesichts der Leichtigkeit, mit der das japanische Volk und seine Regierung den Nordamerikanern gehorchten, die Frage stellten, ob diese Bereitschaft wohl ehrlich war oder nur Schein, während sie im Herzen dem Feind gegenüber Groll empfanden. Wenn man an den Mut denkt, mit dem die Japaner während des Krieges gekämpft haben, und mehr noch an die furchtbaren Folgen der Bombenangriffe, ganz besonders der Atombomben, liegt es nahe, anzunehmen, daß die Japaner ihren Feinden gegenüber tiefen Haß empfanden, auch wenn sie nach außen hin ihre Gefühle verbargen. Aber ich glaube, jene Haltung entsprach wirklich dem allgemeinen Gefühl der Japaner. Jedenfalls bin ich niemandem, auch nicht einem, begegnet, der Anzeichen eines Haßgefühls äußerte. Das beweist natürlich nicht, daß es nicht unversöhnliche Leute gab und noch gibt, aber ich bin überzeugt, daß ihre Anzahl gegenwärtig (1947) unbedeutend ist.

Natürlich ist die Kapitulation für ganz Japan eine furchtbare Niederlage. Nicht allein wegen der Erniedrigung, die sie bedeutete, sondern mehr noch, weil die gesamte Existenzgrundlage im Land dadurch zusammengebrochen ist. Die Ernährungsbedingungen sind äußerst schlecht und die Preise auf dem schwarzen Markt sehr hoch. Nicht einmal ein Universitätsprofessor mit einer großen Familie kann daran denken, dort etwas zu kaufen. Andererseits ist jede praktische Arbeitskraft sehr teuer, so sehr, daß ein ungeschulter Arbeiter mehr verdient als ein Universitätsprofessor, und letzterer ist gezwungen, die hohen Löhne mit Lebensmittelrationen zu bezahlen, die ihm zustehen, da er selbst die schwere körperliche Arbeit nicht verrichten kann. Außerdem muß er oft eine kinderreiche Familie versorgen. Der öffentliche Verkehr ist ein großes Problem. Die Züge sind überfüllt, so daß es lebensgefährlich ist, sie zu benutzen. Hunderttausende, ja Millionen Häuser sind zerstört worden, und es fehlen die Mittel, um sie solide wieder aufzubauen. Viele Leute sterben auch noch vor Hunger. Dazu kommt ein großes Problem: Millionen Japaner, Soldaten und Zivilpersonen kommen aus der Mandschurei zurück, aus China, Korea und Ozeanien. Wie sollen sie ernährt werden? Wenn nicht sofort große Mengen von Lebensmitteln eingeführt werden, wird die Lage furchtbar sein. Die Japaner können nichts tun, um ihren eigenen Leuten zu helfen, sie können nicht einmal in andere Länder auswandern, um den Zurückbleibenden das Leben zu erleichtern.

Sie sind sich dieser Probleme durchaus bewußt, und oft habe ich gehört, wie gesagt wurde: »Wir können nichts tun. Wir sind eben ein besiegtes Volk.« Nach dem Krieg stellten mir Japaner oft zwei Fragen. Erstens: »Warum verlor Japan den Krieg?« Und zweitens: »Wie müßten wir Ihrer Meinung nach unser Land wieder aufbauen?« In der ersten Frage kommt die Überzeugung der Japaner zum Ausdruck, daß sie einen Irrtum begangen haben und daß sie den Grund erforschen wollen, um ihre Fehler zu korrigieren. Die zweite Frage zeigt sehr deutlich, daß sie alles Menschenmögliche unternehmen wollen, um das Land wieder aufzubauen, und es ist nur natürlich, daß sie das möchten. In keiner dieser Anliegen zeigen sich jedoch Anzeichen von Haß einer anderen Nation gegenüber. Aus ihnen spricht einfach gesunder Menschenverstand und ein klarer Blick für die Wirklichkeit. Man könnte noch eine Frage stellen, nämlich: »Auf welchen kulturellen und rechtlichen Grundlagen soll das neue Japan wieder aufgebaut werden?« Auf das zukünftige Japan werden wir später noch zu sprechen kommen, aber einige Anmerkungen sind schon an dieser Stelle angebracht. Der größte Teil der Bevölkerung will Japan wieder aufbauen, jedoch nicht wie es früher war. Alle wünschen ein neues Japan, das demokratischer ist, wollen aber den Kaiser als Staatsoberhaupt behalten. Im Hinblick hierauf hat man eine neue Staatsverfassung erarbeitet, die eine konstitutionelle Monarchie darstellt. Außerdem wünscht niemand ein Militärregime, sondern ein pazifistisches Land. Das ist kein neuer Gedanke, denn weder vor noch während des Krieges waren die Japaner für eine allzu große Übermacht des Militärs, obwohl sie dem Kaiser gegenüber stets unverbrüchliche Treue bewahrten.

Man wird mich vielleicht nach dem Kommunismus und seinem Einfluß in Japan fragen und inwiefern die Japaner mit ihm sympathisieren könnten. Man kann wohl sagen, daß in dieser Hinsicht im Moment keine große Gefahr besteht, aber sie wird zweifellos entstehen, wenn das Volk wie bisher leiden muß. Wenn man nicht alles unternimmt, um das Elend zu lindern, dann glaube ich, daß dies kaum zu vermeiden sein wird; denn das Elend ist der beste Nährboden für die Entfaltung des Kommunismus.

Eine neue religiöse Sehnsucht

Schließlich müssen wir hier einige Gedanken über die Lebensbedingungen der Christen nach dem Kriege vorausschicken, obwohl wir später noch genauer auf diese Frage eingehen werden. Es ist klar, daß auch die Mission unter der Zerstörung des Landes schwer zu leiden hat. In den großen Städten wie Tokyo, Osaka, Nagoya, Kobe und anderen, die bombardiert worden sind, wurden beinahe alle Kirchen und christliche Schulen zerstört. Das sind ungeheure Verluste, und es wird viel Unterstützung vom Ausland nötig sein, um sie wieder aufzubauen. Wir sagten schon, daß es damals so etwas wie eine unterirdische Sympathiebewegung für die katholische Kirche im besonderen und das Christentum im allgemeinen gab. Ich habe erfahren, daß viele Studenten aus Hiroshima, bevor sie eingezogen wurden, bei den christlichen Kirchen anklopften, mit der Bitte um Bibeln, in der Erwartung, in den Tod zu gehen. Ich habe auch von anderer Seite erfahren, daß viele von der Frage gequält wurden, wie man die Liebe zu Gott mit dem Krieg vereinbaren könne, der Menschen zwingt, Menschen zu töten. »Wie kann ich Gott lieben und zu gleicher Zeit so viele Feinde töten?« sagten sie. Diese Gefühle beweisen einen ausgesprochenen Hang zum Christentum. Er nahm nach dem totalen Zusammenbruch noch zu. Denn die Tradition, in der sie fest zu stehen glaubten, ist fragwürdig geworden. Sie fühlen sich wie jemand auf einem riesigen Eisberg, der von der Meeresflut mitgerissen wird. Sie suchen sehnsüchtig nach festem Land, um dort anzulegen. Im Moment wankt alles in Japan. Das Leben und die soziale Ordnung stehen nicht fest. Niemand sieht eine deutliche Zukunft. Man hat das Gefühl, daß es keine geistliche Sicherheit gibt außer im Unveränderlichen, in einer wahren Religion.

Aus all diesen Gründen möchten die Japaner den christlichen Glauben kennenlernen. Ich habe die Frage im Hinblick auf den Buddhismus schon weiter oben behandelt. Man könnte einwenden: Aber es gibt doch auch den Shintoismus! Wie ich schon ausführte, gibt es zwei Formen des Shintoismus, die offizielle und die private. Die erste wurde durch eine Verordnung der Besatzungsmacht untersagt, da sie zutiefst mit dem Nationalismus verbunden ist. Die andere Form hatte keine große Bedeutung, vor allem nicht bei den Gebildeten, denn einige Shintosekten sind sehr primitiv. Wenn sie bisher Einfluß besaßen oder wenn noch eine gewisse Anziehungskraft von ihnen ausging, so lag dies an ihrer nationalistischen Ideologie, und mit dem Zusammenbruch derselben verschwanden die letzten Reste. Denn diese können nicht mehr die Sehnsucht der Menschen erfüllen, die ernsthaft nach einer echten Religion suchen, da sie nicht geeignet sind, die Probleme der mehr oder weniger gebildeten Schichten zu lösen.

Letztendlich bestehen zur Zeit nicht mehr die großen Hindernisse, die während des Krieges einer Bekehrung zum Christentum im Wege standen. Man verdächtigt die Ausländer nicht mehr der Spionage. Keine Autorität wird jetzt davor warnen, den christlichen Glauben anzunehmen. Sicherlich gibt es immer noch in einigen Familien, vor allem bei der Landbevölkerung, Vorurteile aufgrund ihrer Zugehörigkeit zum Buddhismus. Aber im allgemeinen kann man sagen, daß das Christentum jetzt Bewegungsfreiheit hat, und zwar nicht nur nach dem Gesetz, was schon früher der Fall war, sondern auch de facto. Eigentlich ist es so, daß

die zerstörten Stätten unserer Mission augenblicklich mehr denn je von Menschen aufgesucht werden, die von Herzen um Glaubensunterweisung bitten, auch wenn es nur eine Baracke gibt, die den Missionaren als Wohnung dient. Die Menschen sind an manchen Orten so zahlreich, daß die Anzahl der Missionare nicht ausreicht, den vielen Menschen, die nach geistiger Nahrung hungern, zu helfen. Das Missionsfeld ist unermeßlich. Man kann wirklich sagen: »Die Ernte ist groß, aber es gibt nur wenige Arbeiter. Bittet also den Herrn der Ernte, Arbeiter für seine Ernte auszusenden« (Lk 10,2).

Die Zukunft Japans

Die Erneuerung japanischer Kultur

Unter dem Einfluß des Westens

Es gibt Leute in Japan, die dazu neigen, die ganze japanische Kultur in Bausch und Bogen zu verwerfen. Sie glauben, daß sie als Ganzes ein Irrtum gewesen ist und die Verantwortung trägt für alles Elend, das Japan in der letzten Epoche seiner Geschichte durchgemacht hat. Es ist klar, daß diese Haltung nicht der Wahrheit entspricht, sie ist aber angesichts der hoffnungslosen Situation des sich gegenwärtig selbst überlassenen japanischen Volkes gut zu verstehen. Jedes Volk hat schließlich seine eigene Art, die man respektieren muß, auch wenn man besondere Eigentümlichkeiten nicht immer einsehen kann. Alles in allem wäre der Wiederaufbau eines neuen Japan unter Verwerfung seiner gesamten Vergangenheit äußerst gefährlich und würde großen Mangel an historischem Bewußtsein beweisen. Wir lehnen daher diese Einstellung als unangemessen ab. Die entgegengesetzte Auffassung neigt dazu, alle Dinge im früheren Zustand zu belassen. Ich erlaube mir die Prognose, daß dieses Vorhaben, abgesehen von seiner problematischen Zweckmäßigkeit, unausführbar ist. Der Grund hierfür ist sehr einfach: Seit langem ist die japanische Kultur keine rein japanische mehr, sondern mit europäischer Kultur verwoben. Deshalb gab es auch während des Krieges die Tendenz, jeden westlichen Einfluß auszuschalten. Aber dies erwies sich als unmöglich, weil es der Eigenart der Japaner widersprach, die eine besondere Fähigkeit besitzen, ausländischen Einfluß sehr progressiv zu integrieren. Es ist erstaunlich, wie schnell sich die Japaner die westlichen Erfahrungen zu eigen gemacht, welch hohen Grad an technischer Vollkommenheit sie erreicht haben, auch wenn der letzte Krieg gezeigt hat, daß die japanische Wissenschaft noch weit hinter der nordamerikanischen zurückgeblieben ist. Allerdings hat jene – nebenbei bemerkt – auch vieles der europäischen Wissenschaft zu verdanken. Unumstritten ist jedenfalls, daß Japan sich auf die Höhe der wissenschaftlichen Errungenschaften gestellt hat, daß es in einem halben Jahrhundert sozusagen den Übergang vom Mittelalter in die Neuzeit vollzogen und alle Welt mit seinem Fortschritt in Erstaunen versetzt hat. Wenn es technisch trotzdem zurückblieb, dann geschah es aus Mangel an entsprechendem Material und wahrscheinlich auch an Kapital. Daher ist es in jeder Hinsicht lächerlich, von einer totalen Ausschaltung der europäischen Kultur zu sprechen. Dies würde bedeuten, wieder in das japanische Mittelalter zurückzufallen. Wollte man das versuchen, entstünde sehr wahrscheinlich die Gefahr, daß als Gegenreaktion die japanische Kultur in Bausch und Bogen verworfen werden würde; auf die Gefahr dieser Auffassung haben wir schon hingewiesen. Die Tradition eines jahrtausendealten Volkes würde damit kurzerhand weggefegt werden.

Um eine gute Lösung zu finden, müssen zunächst folgende Fragen geklärt werden: Welche Werte liegen in der japanischen Kultur? Haben einige von ihnen bleibenden Wert oder sind für unsere Zeit bedeutungsvoll? Hat schließlich diese Kultur nur für Japan Bedeutung, oder besitzt sie einen universalen Wertcharakter, zum Beispiel in der Kunst; oder paßt sie nicht mehr in die Zeit und würde dem wirklichen Fortschritt nur im Wege stehen?

Um diese Fragen zu klären, wollen wir uns bemühen, einige Aspekte der japanischen Kultur näher kennenzulernen. Wir können hier natürlich kein gründliches Studium derselben unternehmen, denn Japan hat eine Geschichte von über zwei Jahrtausenden. Am Anfang war die Kultur dieses Volkes wahrscheinlich nicht hoch entwickelt. Aber man weiß, daß es schon sehr bald eine hohe Kultur erreichte. Seit der Einführung des Buddhismus in Japan sind 1500 Jahre vergangen. Dieser erreichte das Land als indo- chinesisches Kulturgut und entsprach in etwa der hellenistischen Kultur. Das Ganze würde somit eine gründliche Erforschung dieser langen Zeitspanne voraussetzen. Daher müssen wir diese Betrachtung, so interessant das Thema auch ist, auf die wichtigsten Züge der japanischen Kultur beschränken.

Die Kompliziertheit und Feinheit der japanischen Sprache

Zur Einleitung wollen wir einiges zu der japanischen Schrift sagen, die, wie bekannt, aus China übernommen wurde. Es ist eine Mischung von chinesischen Schriftzeichen und japanischer Silbenschrift. Erstere werden »Kan-ji« genannt und sind aus kleinen Zeichnungen hieroglyphischer Art entstanden, das heißt, genau wie das Wort Ideogramm ausdrückt, entspricht jedem Begriff ein Schriftzeichen. Dadurch entsteht die Schwierigkeit, daß es enorm viele Zeichen gibt. Diese Schwierigkeit wird zum Teil durch die Wurzeln, auf chinesisch »pu«, behoben. Diese dienen der Vereinfachung und zugleich durch Elementarzeichen der Angabe von Wortfamilien bzw. -stämmen. Die Entwicklung in der Schreibweise der Sprachen läßt erkennen, daß die ideographische Schriftweise zur phonographischen tendiert. Obwohl schon die »pu« eine Entwicklung in der Schreibweise bedeuten, blieb die chinesische Sprache etwa in der Mitte zwischen beiden Systemen des Ideogramms und des Phonogramms stehen. In Japan bedeutete der Gebrauch der »Kan-ji« immer Kultur und gute Bildung, obwohl die japanische Sprache ohne Schwierigkeiten mit dem phonetischen System, »Ka-na« genannt, auskommen kann. In diesem letzten System kann man zwei Etappen feststellen, die syllabische und die alphabetische. Letztere ist die am

meisten entwickelte Form. Das japanische »Ka-na« gehört der ersten Etappe an, das heißt dem syllabischen System. Das »Kana« wurde schon im achten und neunten Jahrhundert entwickelt. Es gibt zwei Arten, und beide haben ihren Ursprung in der Vereinfachung der chinesischen Schriftzeichen. Die eine Art »Kata-Kana« genannt oder Segmentschrift, geht auf Kibi no Makibi (775) zurück, und die andere, das »Hira-gana«, ist die eine gleitende Form, die der buddhistische Mönch Kubai (835) als Abkürzung entwarf; sie ist elegant sowohl in der Form der 48 Silbenzeichen wie dem Inhalte nach, denn das »I-ro-ha« ist ein wunderschönes Gedicht. Kurz zusammengefaßt: die Japaner schreiben, indem sie »Kan-ji«, »Kata-Kana« und »Hira-gana« miteinander kombinieren. Da es eindeutig eine Anstrengung darstellt, diese Schriftweise zu erlernen, gibt es schon seit langem in Japan eine Bewegung, die für das »Roma-ji« ist, eine Schriftweise, die das europäische Alphabet für alle japanischen oder chinesischen Wörter verwenden will.
Wie wir schon andeuteten, sind die Gründe für diese Bewegung leicht verständlich. In den japanischen Schulen wird von Kindern und Jugendlichen viel Zeit und Energie darauf verwandt, diese schwierige Schreibweise zu erlernen. Um in der Lage zu sein, die gebräuchlichsten Formulierungen zu lesen, muß man zwei- bis dreitausend Schriftzeichen kennen. Die großen Zeitungen und dic bekanntesten Zeitschriften setzen die Kenntnis von fünf- bis sechstausend Schriftzeichen voraus. Und doch gibt es erstaunlicherweise in Japan beinahe keine Analphabeten. Man bedenke die Erleichterung, die eine Einführung des »Roma-ji« an den Schulen bedeuten würde. Statt der vielen Stunden, die man dem harten Studium der alten Schriftweisen widmet, könnte man stattdessen andere Dinge lernen, die man jetzt beiseite lassen muß, weil dies sonst die Schulzeit noch verlängern würde, solange man bei der bisherigen Schriftweise bleibt. Diese Kräfteersparung würde sich in der Grundschule stark bemerkbar machen. Man muß bedenken,

daß das Erlernen der chinesischen Schriftzeichen später nicht nur durch weitere Schreib- und Lesestunden, sondern auch noch für jedes Fach, wo notwendigerweise neue Schriftzeichen eingeführt werden müssen, speziell erweitert werden muß. Man denke z.B. an Physik, Chemie, Geschichte mit ihren Spezialbegriffen, die je nach Land sehr unterschiedlich in Benennung und Aussprache und besonders schwierig zu erlernen sind.

Andererseits würde die Abschaffung der »Kan-ji« große Schwierigkeiten mit sich bringen. Wenn man das heutige Japanisch auf »Roma-ji« schreiben würde, wäre es häufig sehr schwer zu verstehen, da viele Schriftzeichen chinesischen Ursprungs trotz unterschiedlicher Darstellung und Bedeutung auf die gleiche Weise ausgesprochen werden. Man kann sie nur unterscheiden, wenn man sie schriftlich vor sich hat. Auf die »Kan-ji«-Zeichen zu verzichten, käme einer Revolution der japanischen Sprache gleich, über die ein Linguist lächeln würde. Dazu kommt noch, daß viele Japaner, die mit unserem Alphabet vertraut sind, weil sie Englisch oder irgend eine andere europäische Sprache gelernt haben, es schwer finden, das »Roma-ji« zu lesen. Die japanische Literatur würde sehr darunter leiden, und sogar diejenigen, die in dieser Sache zu entscheiden haben und gegebenenfalls ihre Zustimmung zu einer Veränderung der Schrift geben müßten, sind unentschieden. Vom psychologischen Standpunkt her gesehen, schmerzt es sie zutiefst. Auch für die Kunst würde es eine Einbuße bedeuten, denn die Kalligraphie mit Pinsel und Tusche ist eine wahre Kunst innerhalb der japanischen Künste. Die komplizierten chino-japanischen Ideogramme besitzen Eigenschaften, die unsere Schrift, die rational und kalt ist, entbehrt. Die japanische Schrift dagegen ist lebendig und ausdrucksvoll durch ihre Schriftzeichen; die Persönlichkeit des Schreibers kommt stärker zum Ausdruck. Durch eine geeignete Wahl der Schriftzeichen können Gefühle mitgeteilt werden, die sonst nicht zu vermitteln wären. Sie wecken die Aufmerksamkeit des Lesers und lassen den wahren Dichter erkennen.

Mit anderen Worten, ein chinesisches oder japanisches Gedicht vermittelt dem Kenner der östlichen Sprache und Literatur einen ästhetischen Genuß. Auf einen Blick erfaßt man schon im voraus den Inhalt des Gedichts rein intuitiv, bevor man es richtig gelesen hat, da die Schriftzeichen oder ihre Gesamtkomposition Gedanken und Gefühle durchschimmern lassen, ähnlich einem eindrucksvollen Gemälde.

Aus all diesen Gründen hat man sich nicht dazu entschlossen, die »Kan-ji« abzuschaffen. Um die Schwierigkeiten, die ihr Gebrauch mit sich bringt, zu mildern, hat die Regierung wiederholt die Zahl der Schriftzeichen bei offiziellen Dokumenten eingeschränkt. Das geschah ebenfalls nach dem Krieg und wird für die Kinder in der Schule und für Ausländer, die Japanisch lernen wollen, eine Erleichterung sein. Die Art der Schrift beeinflußt die Mentalität des Volkes, darum kann man sie nicht ohne weiteres verändern.

Das japanische Volk denkt eher auf der Basis von Einzeldingen statt in allgemeinen Begriffen. Das entspricht der Schrift, in der jedes »Kan-ji« einen einzigen Begriff darstellt. Aber es ist nicht unmöglich, daß es einmal soweit kommt, daß die japanische Sprache regulär mit europäischen Schriftzeichen geschrieben wird, also in »Roma-ji«, statt mit den chinesischen Zeichen. Das würde zweifellos die weitere Entwicklung der japanischen Kultur stark beeinflussen. Doch wäre diese Änderung wiederum nicht so einschneidend, daß man sie im Hinblick auf die Kultur des zukünftigen Japan berücksichtigen müßte; denn es gibt wesentlichere Aspekte, denen wir unsere Aufmerksamkeit zuwenden müssen.

»Bushido« – Ritterlichkeit

Um die japanische Kultur zu verstehen, müssen wir die Bedeutung der sogenannten »Dos« verstehen. »Do« ist ein Wort, das wir nicht in unsere Sprache übersetzen können. Das chinesische Zeichen vermittelt sinngemäß die Vorstellung eines Weges oder einer Straße. »Do« bedeutet in etwa Lebensphilosophie, aber nicht im Sinne einer abstrakten Philosophie, sondern eher als Lebensnorm oder Ethik.

Das erste der »Dos«, das zu nennen wäre, ist das bekannte »Bushido«, das mit »Spiegel oder Vorbild für Ritter« übersetzt werden kann, was dem Charakter und der Mentalität der Japaner besonders gut entspricht, da der »Bushi« oder »Samurai« Ritter, Krieger und Edelmann ist. Aber man meine nicht, es ginge um eine Art Lebensregel für Krieger. Ganz im Gegenteil. »Do« stellt die Lebensregel jedes Japaners dar, der danach strebt, ein echter Gentleman und Ritter zu werden, so wie man es dortzulande versteht. Die Zeit der feudalen Ritter liegt weit zurück; aber sie hat noch ihre Bedeutung. Bestimmte Aspekte, wie zum Beispiel das »Hara-kiri« und die Erziehung des Samurai sind inzwischen wohl, der Form nach, nicht mehr zeitgemäß. Aber die von altersher überlieferten Tugenden des »Bushido« sind in der heutigen Zeit durchaus noch wirksam. Wir wollen einige nennen, die dem »Bushido« zugehören, z.B. Genügsamkeit. Man praktiziert sie nicht aus ökonomischen Gründen, sondern aus Verachtung des Reichtums. Ein Samurai würde sich schämen, Luxus anzustreben, höchstens wenn es um seine Waffen geht. Man verachtet nicht nur den Reichtum, sondern hält sogar das Leben an sich für nichts, wenn es der Ehre entbehrt. Sich von dem Leben zu lösen, allerdings im vollen Bewußtsein, daß es unvermeidlich ist, hält man für natürlich, nicht im fatalistischen Sinne, sondern aus einem starken Wirklichkeitssinn heraus. Andererseits reicht die japanische Seele, die so viele paradoxe Aspekte umfaßt, bis zum extremen Idealismus. Sie sieht in der Kirschblüte das Symbol des Samurais, denn diese haftet nur lose am Ast des Baumes und ist nicht so mit dem Stiel verwachsen wie z.B. eine Rose. Sie fällt schon beim ersten Windstoß ab, wenn ihre Blütenblätter noch nicht welk und abgetrocknet sind. Man könnte sagen, sie löst sich in der Fülle des Lebens. So wie es überall auf der Welt vorkommt, so haben auch die Samurais oft Irrwege eingeschlagen und einer entarteten Vorstellung von Ehre nachgeeifert. Jedenfalls handelt es sich um eine edle Einstellung des menschlichen Herzens, geistige Werte so hoch einzuschätzen, daß die Ehre über das Leben gestellt wird. Die Frauen der Samurais würden sich lieber, wie Lukretia, das Leben nehmen, als ihren Männern untreu zu werden.

Die Männer mußten das Wesen eines todesmutigen Kämpfers besitzen, aber zugleich auch großzügig und ritterlich sein, selbst dem Feinde gegenüber. Von einem berühmt gewordenen Samurai wird folgende Geschichte erzählt: Er befand sich mitten auf dem Schlachtfeld viel weiter vorne als seine übrigen Leute, ganz allein zu Pferd, als er plötzlich einem Feind begegnete. Er griff ihn an und stürzte ihn zu Boden. Wie ein fahrender Ritter wollte er wissen, wen er besiegt hatte, bevor er den Todesstoß gab. Als er ihm den Helm abnahm, entdeckte er das Gesicht eines Knaben. Voller Mitleid erlaubte er ihm zu fliehen, bevor die anderen kämen. Aber auch der Knabe hatte das Herz eines Ritters, er weigerte sich zu fliehen und bat den Mann, ihn zu töten, denn er wollte lieber durch das Schwert eines berühmten Mannes sterben, als sich durch eine schmachvolle Flucht zu retten. Der Ritter war verwirrt. Aber da es keine Zeit zu verlieren gab und er keinen anderen Ausweg sah, nahm er sein Schwert und tötete den Knaben. Als die Schlacht vorbei war, gab er das Kämpfen auf und wurde Mönch; denn da er die Tugend der ritterlichen Großzügigkeit gebrochen hatte, war sein Schwert für immer befleckt.

Die hervorragendste Tugend des Bushido ist die Treue zu seinem Herrn. Diese Tugend ist unverbrüchlich. Das geht so weit, daß in manchen Fällen sogar der eigene Sohn geopfert wurde, um dem eigenen Herrn die Treue zu halten. Diese Treue brachen auch die vielen christlichen Samurais nicht, die dadurch Märtyrer des Glaubens wurden, und auch die Christen, die in den letzten Jahren als Zeugen in den Prozessen gegen einige fälschlich angeklagte Priester vor Gericht gerufen wurden, hielten sich an ihr Treuegelöbnis.

Der Bushido muß außerdem vollkommene Selbstbeherrschung üben, welcher Art auch sein Leid oder Schmerz sei. Darüber haben wir schon in dem Kapitel über die Atombombe gesprochen. Von daher kann man auch den kalten Stoismus verstehen, hinter dem die vom Krieg schwer Getroffenen ihre Schmerzen und ihr Leid zu verbergen wußten. Wenn wir die besagte Gesinnung des Bushido bedenken, wird es verständlich, daß ihn die christliche Lehre von der Armut, der das Himmelreich versprochen wird, das Gleichnis von der Verachtung des Reichtums, den Rost und Motten zersetzen, interessierte. Das außerordentliche Vorbild unseres Herrn Jesus Christus, sein Leiden und seine Lehre, die Überzeugung, daß wir dieses Leben verlieren müssen, um es zu gewinnen, interessierte die Samurais des 16. Jahrhunderts, als das Rittertum in voller Blüte stand, lebhaft. Das paßte besonders gut zu den Idealen der Samurais und der strengen Disziplin, die ihre Erziehung auszeichneten. Darum meinen wir, daß dieser Geist im neuen Japan erhalten bleiben und, wo nötig, durch den Einfluß des Christentums erneuert und vervollkommnet werden sollte.

»Chado« – Teezeremonie, »Kado« – Blumenstecken

Wenden wir uns nun den anderen »Dos« zu. Es ist nicht möglich, auf jeden einzelnen ausführlich einzugehen. Unsere Absicht ist, nur einige Grundzüge darzustellen, damit der Leser sich hinsichtlich ihrer Erhaltung im zukünftigen Japan seine eigene Meinung bilden kann.

Beginnen wir mit dem »Chado« oder der Teezeremonie, die unter diesem Namen weithin bekannt geworden ist. Vielleicht wird es den einen oder anderen verwundern, daß hier von einem »Do« die

Rede ist, also von einer ethischen Lebensnorm. Aber so ist es, und zwar mit Recht. Seit seinen Anfängen war es nicht nur ein Zeitvertreib für Frauen. Im Gegenteil, die bekannten »Teemeister« waren sehr angesehene Männer, und die Samurais der feudalen Zeit mit ihren endlosen Kriegen praktizierten diese interessante und fromme Zeremonie mit Hingabe. Für diese wilden Krieger war sie ein Mittel zur Sammlung oder besser noch der geistigen Einkehr. Sie hatten das Bedürfnis, in den entgegengesetzten Pol ihres harten Kriegsdienstes zu fliehen. So sehen wir noch heute, daß der Raum für die Teezeremonie einfach und vollständig zweckbestimmt eingerichtet ist. Er ist klein, einfach, peinlich sauber. Der einzige Schmuck besteht aus einem »Kakemono«, einer Art Bild- oder Schriftrolle, die in das »Tokonoma« gehängt wird, eine Art Heiligtum bzw. der Zeremonie, »Cha-no-yu« genannt, geweihter Platz. Der »Kakemono« ist ein Kunstwerk einfachster Art, aber äußerst zart, und wenn es Schriftzeichen trägt, spricht aus den Pinselzügen die Persönlichkeit des Künstlers, wie wir es vorhin beschrieben. Nichts in diesem Raum dient der Zerstreuung. Selbst die Unterhaltung findet in gedämpftem Ton statt. Der Gast wird durch einen schmalen Gang geführt, bevor er den Raum durch eine kleine Tür betritt. Das soll ihm helfen, sich schon zu sammeln, bevor er in den geweihten Raum der Teezeremonie eintritt. Alle niederen Leidenschaften, die den Geist verwirren könnten, sollen draußen gelassen werden. Hat der Gast den Raum betreten, nähert er sich dem Kakemono im Tokonoma und betrachtet ihn mit Ehrfurcht. Danach bewundert er wenige andere Gegenstände, die sich im Raum befinden. Schließlich setzt man sich und lauscht dem kochenden Wasser im Teekessel auf dem Feuer. Das brodelnde Teewasser erinnert an das Rauschen der Einsamkeit in den Bergen und das stille Gesäusel der Bäume in den Wäldern.

Die Zeremonie wird mit höchster Aufmerksamkeit und vollkommener Selbstbeherrschung vollzogen. Das Ganze macht einen äußerst subtilen und tiefgeistigen Eindruck. Strenge Einfachheit und tiefes Verständnis der Natur stehen im Zentrum der Teezeremonie. Auf die Frage, was das Wesentliche im »Chado« sei, antwortete ein »Teemeister«: »Die Einfachheit und die Reinheit des Geistes. Dieser Geist verwirft jede Art verdächtigen Grolls.« Bekannt ist die Geschichte, die sich bei der letzten Teezeremonie des berühmten Teemeisters Rikyu im 16. Jahrhundert ereignete. Der mächtige Shogun Taiko Hideyoshi hatte Rikyu zunächst sehr geschätzt, später wurde dieser jedoch des Hochverrats verdächtigt. Er fiel in Ungnade und wurde zum Tode verurteilt. Eingedenk seiner früheren Dienste und aus Respekt vor seiner hervorragenden Persönlichkeit gewährte ihm Hideyoshi die Gunst, sich selbst durch Harakiri hinzurichten. Was tat Rikyu? In vollkommener Ruhe lud er seine besten Freunde zu seiner letzten Teezeremonie ein. Er vollzog sie in vollkommener Selbstbeherrschung, und am Schluß nahm er die Schale, die er am meisten schätzte, in die Hände, schaute sie zärtlich wie zum Abschied an und sagte, nachdem er sie in Stücke zerschlagen hatte: »Du dienst mir zu nichts mehr. So ist das Menschenleben.« Die Gäste nahmen Abschied und zogen sich zurück. Rikyu blieb allein mit einem seiner Freunde zurück (man nimmt an, daß dieser ihm den Gnadenstoß nach dem Harakiri geben sollte). Sodann vollzog er seine eigene Hinrichtung mit derselben Selbstbeherrschung, mit der er vorher die Teezeremonie vollzogen hatte. Er hinterließ ein letztes Gedicht, das folgendermaßen lautet: »Willkommen seist du, Schwert der Ewigkeit; du hast den Weg zum Buddha-Dharma freigelegt.« Für ihn war der »Chado« bis zum letzten Atemzug eine wahre Lebensphilosophie. Es mag sein, daß die Teezeremonie in ihrer Bedeutung nicht mehr so gewichtig ist wie in früheren Zeiten, aber der philosophisch religiöse Geist dieses außergewöhnlichen »Teetrinkens« ist als unversehrtes Erbe in den besten Familien Japans erhalten geblieben. Es ist außerdem interessant, daß die berühmten Schüler Rikyus zu einem großen Teil christli-

che Samurais und andere Christen waren, nämlich fünf von sieben. Zweifellos entdeckten sie eine gewisse Ähnlichkeit zwischen der Lehre des Evangeliums und der des »Chado«. Das läßt sich wenigstens aus der Bemerkung eines modernen Teemeisters erschließen, der vor einigen Jahren Katholik wurde. Er sagte, daß er im Evangelium und im katholischen Meßbuch nie die geringste Diskrepanz zu dem, was er im »Chado« gelernt hatte, bemerkt habe.

Mit dem »Chado« ist »Kado«, das kunstvolle Blumenstecken, auch »Ikebana« genannt, eng verbunden. Darin kommt der äußerst subtile ästhetische Sinn des japanischen Volkes zum Ausdruck. Nicht die Anzahl der Blumen ist wichtig, sondern ihre Qualität, ihre Wahl und die Kunst ihrer Zusammenstellung. Auch dieses »Do« verbirgt einen geistlichen Schatz, der in den zukünftigen Generationen nicht verloren gehen sollte; denn es ist nicht zu leugnen, daß sowohl die Teezeremonie als auch das kunstvolle Blumenstecken sehr viel zum Entstehen dieser wunderbaren Gewohnheiten des japanischen Lebens beigetragen haben, die von ausländischen Besuchern in Japan so bestaunt werden.

»Kendo« – Kunst des Fechtens

Es gibt drei weitere »Dos«, die in Japan sehr verbreitet sind und die man nationale Sportarten nennen könnte. Es handelt sich um »Kendo«, »Kyudo« und »Judo«, die bei uns als Kunst des Fechtens, des Bogenschießens und als Selbstverteidigung unter denselben Namen immer populärer werden.
Alle drei haben ein praktisches Ziel und dienen dem Kampf und der Selbstverteidigung. Aber außer der praktischen, nützlichen Seite besitzen sie auch eine geistige Seite, das heißt, sie sind echte »Dos« mit einer echten Lebensphilosophie, wenigstens für diejenigen, die sie regelmäßig und ganzheitlich ausüben. Insofern ist es nicht verwunderlich, daß einer der berühmtesten Schwertfechter Japans, Yagiyu, der in der ersten Hälfte des 18. Jahrhunderts lebte, zu gleicher Zeit Schüler des berühmten Zenmeisters Takuwan war. Er transzendierte das Niveau der Fechtkunst und drang in den Bereich des Geistigen vor. Die Gespräche dieses Zenmeisters mit seinen Schülern sind erhalten geblieben und beweisen den tiefen ethischen Sinn des »Kendo«. Dort wird zum Beispiel betont, wie wichtig für den »Kendo« das sogenannte »Fudoshin« ist, eine geistige Stille oder Unbeweglichkeit des Geistes, die zu gleicher Zeit von einer ununterbrochenen Aktivität des Geistes begleitet wird, was im Grunde dasselbe ist, obwohl es am Anfang ein Widerspruch zu sein scheint – eines der vielen Paradoxe des Zen. Der Meister will mit Nachdruck darauf hinweisen, daß man beim Schwertfechten keinerlei Zerstreuung anheimfallen darf. Es wäre ein großer Fehler, wenn jemand während des

Gefechtes an die Möglichkeit einer Todesgefahr oder Niederlage denken würde. Der Geist muß völlig frei sein von irgendwelchen Sorgen. Bleibt der Geist an irgendeinem Gedanken hängen, bedeutet das, daß er einen »Sukima« bietet, das heißt eine unbeschützte Seite für den Angriff des Gegners. Dadurch erhält dieser eine günstige Gelegenheit, dem anderen einen Todesstoß zu versetzen. Außerdem hindert Zerstreuung daran, jeder Bewegung des Gegners aufmerksam zu folgen und ihn keinen Moment aus dem Auge zu verlieren. Die Bereitschaft, jeder Lebenssituation die Stirn zu bieten, ist eine der wesentlichen Früchte dieses »Do«. Die »Leere« des Geistes, die den Kämpfer in jedem Moment wachhält, befähigt ihn, Schwierigkeiten des täglichen Lebens zu überwinden, und gibt ihm geistige Kraft und Freiheit.
»Kendo« wurde in allen Jungenschulen bis zum Ende des Krieges geübt. Man betrachtete es als einen wichtigen Teil der männlichen Erziehung. Es ist möglich, daß es nicht wenig dazu beigetragen hat, die Fähigkeit der japanischen Piloten zu schulen, sich während des Krieges durch besonderen Mut auszuzeichnen, der bis zur Aufopferung des eigenen Lebens ging. Aber man meine nun nicht, daß »Kendo« nur zur Vorbereitung auf den Krieg dient. Man hält es auch für ein ausgezeichnetes pädagogisches Mittel, um Leib und Seele auszubilden. Außerdem dient es der Sammlung und der Religiosität. Daher herrscht im »Kendo« oder in der Fechthalle, die in keiner Schule fehlt, tiefe ehrfürchtige Stille und eine Atmosphäre der Religiosität. Für den Japaner ist dieser Saal so etwas wie ein Heiligtum. Ungewollt denkt man an die Kapelle einer christlichen Schule im Westen, wenn man dort hineinkommt.
Nach dem Vorhergehenden wird es konsequent erscheinen, was von Miyamoto Musashi, einem Fechter aus dem 16. Jahrhundert, ebenso berühmt wie Yagiyu, überliefert ist. Er war ein sehr todesmutiger Kämpfer, der beinahe sechzig Menschen im Zweikampf getötet hatte. Aber eines Tages beschloß er, seine Eindrücke vom

»Kendo« niederzuschreiben. Dabei ging ihm zum ersten Mal der eigentliche Sinn auf, die religiöse und ethische Kraft, und er bekehrte sich zu einem religiös überzeugten Leben. Bald wurde er durch seine wunderbaren Schriften bekannt, die sich durch treffsicheren Stil und energische Pinselzüge auszeichnen. Man könnte hiernach sagen, daß sich in der japanischen Seele starke Gegensätze sehr unterschiedlicher Ausprägung zu einer wunderbaren Harmonie vereinen.

»Kyudo« – Kunst des Bogens,
»Judo« – Kunst der Selbstverteidigung

Wir kommen jetzt zum »Kyudo«, einer Übung, bei der man auf eine Zielscheibe schießt, aber nicht mit einem Gewehr, sondern mit Pfeil und Bogen. Auch dieser »Do« hat scheinbar gegensätzliche Eigenarten, vor allem was die Anweisungen betrifft, wie man den Bogen spannt und auf eine Zielscheibe richtet. Nach westlichen Begriffen muß man auf die Zielscheibe zielen, um sie zu treffen. In Japan ist das nicht so. Um das Ziel zu treffen, muß man nicht auf die Scheibe zielen, sondern auf das Universum. Wenn man das tut, geht der Schuß unweigerlich ins Ziel. Ein Ausländer, der in Japan lebte, ging jahrelang zu einem japanischen Meister in die Lehre, um dieses Bogenschießen zu erlernen, und er fand diesen Punkt besonders schwer. Der Meister hatte es beinahe aufgegeben, obwohl es ihm wegen seines Schülers leid tat, da dieser sonst sehr lernbegierig und verständig war. Bevor er den Unterricht endgültig abbrach, wollte er es aber noch ein letztes Mal versuchen. So lud er ihn zu sich in die Wohnung ein. Als es schon dunkle Nacht geworden war, führte er ihn an den Ort, wo er das Bogenschießen übte. In einiger Entfernung von der Zielscheibe zündete er eine Kerze an, die mit ihrem schwachen beweglichen Licht die Scheibe kaum erkennen ließ. Der Meister schoß den Pfeil ab und schickte seinen Schüler fort, um festzustellen, wo der Pfeil steckengeblieben war. Der Schüler entdeckte, daß er genau im Ziel saß. Da sagte der Meister: »Glaubst du jetzt, daß ich nicht gezielt habe?« »Kyudo« ist wie die anderen »Dos« eine Lebensregel, die das ganze Tun und Lassen des Menschen bestimmt. Man kann sagen, daß es in gewissem Sinne Mystik ist; denn genau so, wie man beim Kyudo nicht das Auge auf einen bestimmten Punkt fixieren darf, so soll der Mensch auch sein Herz nicht an etwas Bestimmtes und Vergängliches hängen, sondern danach streben, das Universale und Absolute zu erreichen. Auf diese Weise, indem er sein Herz nicht an etwas Bestimmtes hängt, wird er sich, von einem höheren geistigen Sinn bestimmt, von den materiellen Einzeldingen befreien können, denn das ist der einzige Weg, um absoluter Herr über sich zu werden und um sie alle völlig zu beherrschen.

»Judo« ist die Kunst der Selbstverteidigung. Hier liegt der Unterschied zum Boxen, das die Kunst des Angreifens genannt werden könnte. Außer einer Sportart ist auch Judo eine Art Lebensphilosophie. Es strebt danach, die menschlichen Möglichkeiten optimal zu entwickeln. Um das Ziel zu erreichen, versucht man die körperlichen und geistigen Kräfte, die uns zur Verfügung stehen, so gut wie möglich einzusetzen. Wenn man dieses Prinzip auf der geistigen Ebene im täglichen Leben befolgt, ist das eine große Hilfe für eine weise Lebensführung, wie leicht einzusehen ist. Da Judo in beinahe allen Ländern bekannt ist, gehen wir nicht weiter auf Einzelheiten ein.

»Shodo« – Pinselschrift, »Geido« – Weg der Kunst

Wir wollen dagegen etwas ausführlicher auf einen anderen wichtigen »Do« eingehen, den »Shodo« oder die Pinselschrift. Es handelt sich hier nicht einfach um die Notwendigkeit des Schreibens, sondern um eine wahre Kunst, die sich in Japan ausschließlich mit Hilfe der Silbenschrift, »Kana«, entwickelt hat, die in China nicht bekannt ist. Was ein hervorragender Dichter geschrieben hat, gleicht im Wert einem guten Gemälde, an dessen Stelle es zur Verzierung an den Zimmerwänden hängt. Nicht nur der ästhetische Eindruck ist wichtig, sondern die geistliche Übung, der einfache reine Ausdruck. Wer ununterbrochen diesen »Do« ausübt, erreicht Sammlung und Konzentration bei jeder beliebigen Gelegenheit. Aber um so weit zu kommen, bedarf es jahrelanger Übung. Der Charakter und die Persönlichkeit des Schreibers fließen dann in seinen Stil und erscheinen in seiner Schrift. Ein Ausländer könnte schwer die Seele des Schreibers aus seinen Pinselzügen erkennen, aber ein Japaner kann sogar seine moralischen Werte vermuten.

So wie diese Pinselschrift, so wird jede echte Kunst als ein »Do« angesehen, und die eigene Entwicklung wird als ein Weg zur Kunst, als ein »Geido«, betrachtet. In Japan besitzt nicht nur der eigentliche Künstler, sondern das ganze Volk einen außergewöhnlichen künstlerischen Sinn. Vielleicht gibt es auf der ganzen Welt kein Volk, das so künstlerisch veranlagt ist wie das japanische. Dieser Zug prägt seinen Charakter. Die Gewohnheiten, die Kleidung, selbst das Essen ist ästhetisch. Gerade das fällt dem Ausländer bei einem Besuch auf und weckt sein Interesse. Sogar in den Häusern der Ärmsten findet man etwas, das diesen Sinn für Kunst verrät. Es mag stimmen, daß der größte Teil des japanischen Volkes wissenschaftlich nicht so gebildet ist wie der Europäer und daß die japanischen Mütter die moderne Gesundheitssorge für Kleinkinder nicht kennen und nicht viel wissen über eine geeignete Ernährung mit genügend Vitaminen, wie japanische Autoritäten selber bestätigen, aber was den angeborenen Sinn für Kunst betrifft, darin übertrifft das japanische Volk bei weitem jedes andere Land.

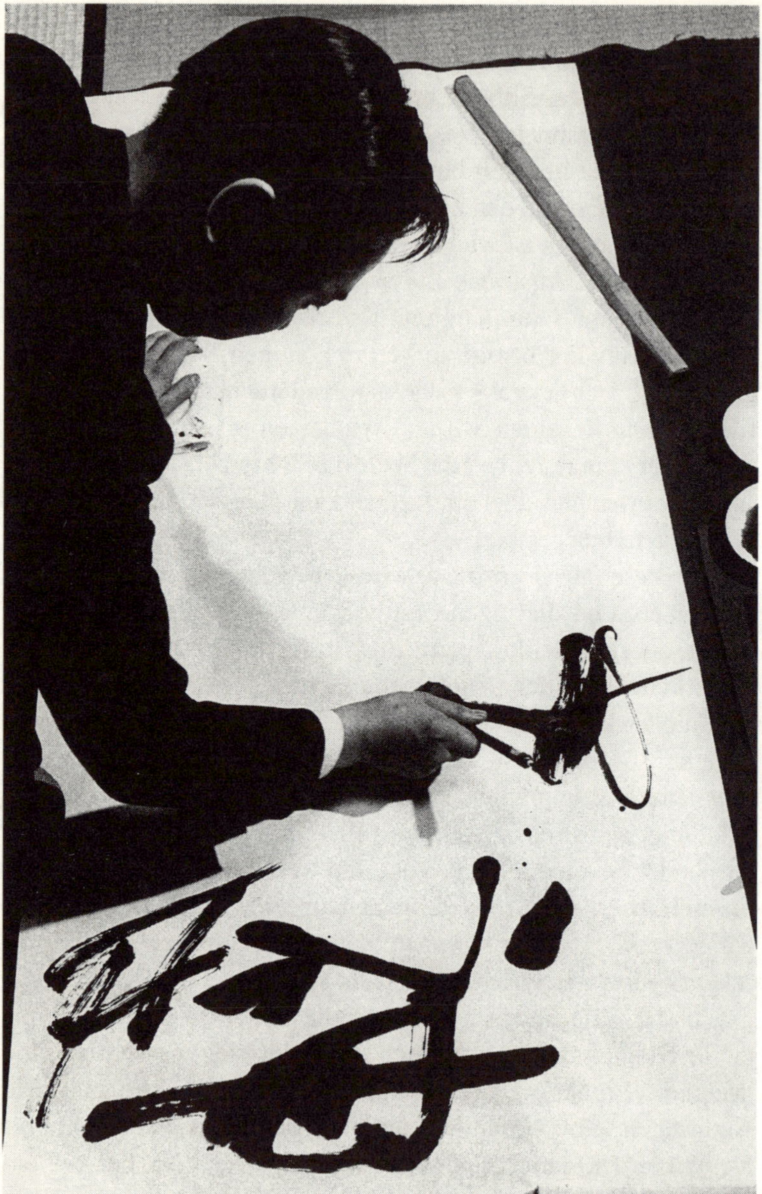

Bei der eigentlichen Kunst wird höchster Wert auf ihre Reinheit gelegt. Im allgemeinen gilt das Axiom, reine Kunst könne nur in einem reinen Geist entstehen. Der Japaner besitzt eine große Fähigkeit, die Kunst unter diesem Gesichtspunkt einzuschätzen und den Charakter des Künstlers beim Anblick seines Werkes zu spüren. Ein Maler erzählte mir in Tokyo, daß er ein Geschenk von einem buddhistischen Priester bekommen habe, und obwohl er ihn nie persönlich kennengelernt hatte, rühmte er seinen feinsinnigen Charakter, lediglich aufgrund seiner Gemälde, die er auf einer Ausstellung gesehen hatte.

Wie sehr die Kunst in Japan als eine kostbare Seite des Lebens angesehen wird, geht aus der folgenden Begebenheit aus der Zeit des Feudalismus hervor. Nachdem ein Tänzer in einer Stadt eine Vorstellung gegeben hatte, ging er spät in der Nacht allein über ein einsames Feld nach Hause zurück. Unterwegs wurde er beinahe von einem Räuber überfallen, der ihn mit seinem Schwert angreifen wollte. Aber der Gang des Tänzers war so elegant und edel gewesen, daß der Räuber, ganz fasziniert, nicht den Mut hatte, ihn tatsächlich anzugreifen. Der Tänzer kam heil zuhause an, ohne überhaupt gemerkt zu haben, daß ihm ein Räuber gefolgt war. Dieser trat vor ihn hin, bekannte seine verwerflichen Absichten und bat ihn inständig, ihn als Schüler anzunehmen.

Wir haben die große Bedeutung der Dos in der japanischen Kultur nur sehr unzulänglich betrachtet. Dem Schein und der Form nach sind sie sehr unterschiedlich, aber im Wesen geht es immer um dasselbe. Um diese Gemeinsamkeit hervorzuheben, möchte ich folgendes erzählen. Im Zeitalter des Feudalismus trafen sich einmal die Prinzen verschiedener Provinzen in Edo, dem früheren Tokyo, um dem Shogun, der als Premierminister praktisch der Herrscher Japans war, ihre Ehrbezeugungen zu erweisen. Einer dieser Prinzen hatte angeordnet, daß sein Teezeremonienmeister, der zugleich buddhistischer Priester war, ihn begleite. Da es dem Teemeister nicht geeignet schien, bei dieser

Gelegenheit seine Mönchskutte zu tragen, zog er die Kleidung eines Samurai an mitsamt den beiden Schwertern, die diese bei sich zu haben pflegten. Eines Tages, während der Prinz seinen Geschäften nachging, machte der Teemeister in seiner neuen Kleidung einen Spaziergang durch die Straßen Tokyos. Da wurde er plötzlich von einem wirklichen Samurai angehalten und herausgefordert. Der Teemeister kannte ihn gar nicht, aber jener erklärte ihm den Grund seiner Herausforderung; er sagte, er habe das Versprechen abgelegt, tausend Duelle zu kämpfen; er bat ihn daher, den Kampf mit ihm anzunehmen. Der Teemeister war in großer Verlegenheit, denn er konnte so gut wie gar nicht mit dem Schwert umgehen; das Schwertfechten war nicht sein Beruf, sondern vielmehr die Teezeremonie. Aber er wagte nicht, das Duell abzulehnen und damit seine Unterlegenheit zu bekennen. Das wäre gegen seine Ehre gegangen, und wahrscheinlich hätte sein Gegner ihn im selben Moment niedergelegt. Er nahm also die Herausforderung an, und sie machten einen Treffpunkt aus. Dann gingen sie auseinander.
Was mußte der arme Teemeister tun? Er ging zu einem hervorragenden Schwertkämpfer, um bei ihm Rat zu holen. Aber dieser war krank und wollte niemanden zu sich lassen. Da der Besucher aber so sehr darauf bestand, befahl er, ihn hereinkommen zu lassen. Der Schwertkämpfer war völlig überrascht, als der Teemeister ihn bat, er möge ihm zeigen, wie er am besten mit dem Schwert in der Hand sterben könne. Viele waren zu ihm gekommen, um zu lernen, wie sie ihren Gegner am besten töten könnten. Aber es war das erste Mal, daß jemand ihn bat, er möge ihm zeigen, wie er am besten getötet werden könnte. Aber da der Besucher dabei blieb und drängte, vielleicht auch von seiner schwierigen Lage erzählte, unterwies der Schwertkämpfer ihn, so wie jener es verlangte. Er zeigte ihm, das Schwert mit beiden Händen zu ergreifen und über den Kopf zu heben, um dann auf den tödlichen Stoß zu warten. Der Samurai, der ihn herausgefordert hatte,

kam zur verabredeten Stelle, und beide bereiteten sich auf den Beginn des Duells vor. Der Teemeister nahm die Haltung ein, wie er sie von dem Schwertkämpfer gelernt hatte und wartete. Er wartete einige Sekunden, doch der andere schlug nicht auf ihn ein, sondern ließ sein Schwert sinken und bat den Teemeister, er möge ihn als Schüler annehmen, denn bis dahin sei ihm noch nie ein Schwertkämpfer begegnet, der das Schwert auf eine so vollendete und untadelige Weise ergriffen habe. Das Wichtigste an dieser Begebenheit ist jedoch, daß der Teemeister durch das »Chado« eine vollendete Selbstbeherrschung erlangt hatte und vollkommenen Gleichmut gegenüber Leben und Tod.

Der Einfluß des Zen

Alle diese »Dos« sind unter dem Einfluß des Zen entstanden, und wir können sagen, daß das Zen durch sie im Volk verbreitet wurde. Der entscheidende Einfluß auf die japanische Kultur ist vom Zen ausgegangen. Man hat sogar gesagt, das Zen habe die japanische Mentalität geformt. Um die japanische Kultur zu verstehen, ist es daher wichtig, zu wissen, was Zen ist. Der japanische Zenbuddhismus ist eine von verschiedenen buddhistischen Sekten. Man sagt, daß seine ursprüngliche Form vom Stifter des Buddhismus geprägt wurde, aber daß seine endgültige Form in China entstanden ist. Von da aus kam er nach Japan, wo er großes Interesse weckte. Wir wollen jetzt nicht die Religion des Zen darlegen; denn das würde zu weit führen, und es ist für unseren Zweck auch nicht nötig. Es möge genügen, die auffallendsten Merkmale zu beschreiben. Das erste, was unsere Aufmerksamkeit weckt, ist folgendes: Viele andere Sekten, wie zum Beispiel Jodoshu und Shinshu, die beide viele Anhänger in Japan haben, vertreten die Überzeugung, die Erlösung von Leiden müsse durch Hilfe *von außen* geschehen. Daher lehren sie die Anrufung des

Amidabuddha, des Einzigen, durch den die Menschen von ihren Leiden befreit werden können, um in das Nirvana einzugehen. Zen lehrt dagegen, der Mensch könne sich durch *innere* Kraft von seinen Leiden befreien, um so die Erlösung zu erlangen, wie wir sagen würden. Zu diesem Zwecke verkündet Zen die Loslösung von allen Dingen und auch die Einübung der Tugend und die charakterliche Formung. Das geeignetste Mittel hierzu ist die Meditation. Sie ist ganz anders als unsere Betrachtung, und es wird keinerlei offenbarte Wahrheit oder ein Ereignis aus dem Evangelium betrachtet.

Das Ziel ist die Erfahrung der Leere. Aus diesem Grunde wird nicht nur das Vorstellungsvermögen, sondern auch das rationale Denken in seinem gewöhnlichen Rhythmus beiseite gelassen. Man muß danach trachten, den Geist vom logischen Denken freizuhalten. Es ist deutlich, daß dies alles unserer westlichen Mentalität, die sich vor allem auf das logische Schlußfolgern verläßt, fremd vorkommt. Die Körperhaltung, die während der Meditation einzunehmen ist, wird genau vorgeschrieben, und man mißt ihr große Bedeutung zu. Der Meditierende setzt sich auf ein kleines Kissen und verschränkt die Beine, so wie man das auf den Abbildungen vom Buddha sieht, eine recht unbequeme Haltung für den, der nicht daran gewöhnt ist. Aber nicht nur während dieser langen Meditationszeiten, sondern auch sonst bei vielen Gelegenheiten versucht man die gewöhnliche Aktivität des Geistes stillzulegen, und es wäre ein großer Irrtum zu meinen, daß dies ein rein negatives Tun ist. Ganz im Gegenteil. Man spannt sich bis zum Äußersten an, um etwas sehr Positives zu erreichen.

Man nennt es Wesensschau. Diese Schau, die das Wahrnehmbare übersteigt, stellt sich nicht allmählich, sondern plötzlich ein, vielleicht nach jahrelanger Meditation. Man erfährt es als etwas ganz Neues. Man nennt diese Erfahrung Erleuchtung. Sie erfüllt den Menschen mit großer Freude und Kraft. Es ist eine Art Intuition, eine mystische Erfahrung. Wer sie gemacht hat und daraus lebt, sieht die Dinge aus einer anderen Perspektive als die übrigen Menschen. Er ist frei von allen Dingen und erfreut sich zugleich an ihnen. Auch wenn er alles verlieren würde, wäre er nicht erschüttert oder davon niedergeschlagen. Diese Unerschütterlichkeit oder *ataraxia*, die etwas an die Stoiker erinnert, stellt ihn über Reichtum und Armut, Leben und Tod. Und man meine nicht, daß der Endeffekt Passivität sei, Nichtstun, sondern im Gegenteil. Diese Leute sind sehr aktiv in ihren alltäglichen Beschäftigungen. Oft werden sie berühmte Politiker oder tapfere Krieger. Sie sind fähig, jede Situation zu ertragen. Sie sind nicht kalt und hochmütig wie andere, sondern barmherzig und immer dazu bereit, jedem zu helfen, ohne irgendeinen Dank dafür zu ernten; so sehr ist dies der Fall, daß ein wirklich erleuchteter Mensch unbedingt frei ist von jeder Art Egoismus.

Es gibt viele Anekdoten von chinesischen und japanischen Zenmönchen. In ihnen allen tritt etwas Paradoxes neben großer Selbstbeherrschung in Erscheinung. Diese Anekdoten drücken aus, was Erleuchtung ist. Wie sehr man Zen auch studieren mag, nie wird man es ganz verstehen, es sei denn, man erfährt es selbst. Es steht über dem Vorstellbaren und dem logisch Denkbaren, daher kann man es auf diese Weise nicht erklären. Es ist schwer zu sagen, wieviel Zenanhänger in China und Japan die Erleuchtung wirklich erreicht haben. Vielleicht ist ihre Anzahl nicht groß, aber die asketische Methode, die viele Tausende, die zur Erleuchtung kommen wollten, befolgten, hatte trotzdem ihre Wirkung in dieser Richtung. Auch heutzutage gibt es noch Zenklöster in Japan, in denen man sich an strenge Lebensregeln hält. Das Essen ist spärlich, der Schlaf kurz. Nicht einmal im Winter ist es erlaubt, Feuer zu machen. Jeden Morgen steht man früh auf und meditiert eine Stunde, ebenso am Abend. Zweimal im Jahr werden geistliche Exerzitien, von jeweils sechs Tagen gehalten. Während dieser Tage übt man die Meditation beinahe ununterbrochen.

Gegenwärtig sind die Zenmönche die angesehensten buddhistischen Priester Japans, und viele Laien nehmen an ihren geistlichen Übungen teil. Aber das Zen hat sich nicht nur durch die Meditation verbreitet, sondern auch durch die »Dos«, von denen wir schon weiter oben sprachen. Daher sind die Teezeremonie und die Kalligraphie von den Zenmönchen stets geschätzt und ausgeübt worden. Das gilt auch für die Kunst des »Sumi-e«, die beim Kakemono angewandt und mit Pinsel und chinesischer Tusche ausgeführt wird. Sie ist ebenfalls vom Geist des Zen geprägt. Es fällt auf, daß sie mehr andeutet als konkret darstellt. Man malt nur die wesentlichen Linien des darzustellenden Objektes. Das Sumi-e ist wie eine Wesensschau der Dinge, die in einem Gemälde ausgedrückt wird. Andere »Dos«, wie zum Beispiel Kendo und Kyudo, wurden natürlich nicht von den Zenmönchen ausgeübt, aber wir sahen bereits, daß diese die geistliche Führung für jene waren, die sie betrieben. Darum steckt soviel Zen in diesen »Dos«. Die Mönche beeinflußten das Volk auch durch die »Teragoya«, Tempelschulen oder Seminare, die sie in großer Anzahl führten. Diese Teragoyas hatten vor der Einführung der Schulpflicht und den öffentlichen Volksschulen eine große Bedeutung. Natürlich kamen nicht alle Kinder in diese Tempelschulen, sondern nur die Lernbegierigsten und fähigsten. Auf diese verschiedenen Weisen nahm das Zen Einfluß auf die japanische Mentalität, eine Mentalität, die ohne Zweifel für westliche Menschen schwer zu ergründen ist; eine Kenntnis des Zen würde jedoch viele Rätsel lösen.

Der Weg zum modernen Japan

Während der letzten Jahrzehnte oder schon länger hat die westliche Kultur Japan stark beeinflußt. Als sie dort eingeführt wurde, studierte man mit Begeisterung sowohl das Christentum wie die moderne Philosophie, im besonderen die deutsche. Es kommt heutzutage selten vor, daß man einem japanischen Studenten begegnet, der nicht Philosophen wie Kant, Hegel, Fichte, Nietzsche und andere kennt, einschließlich der Existenzphilosophen. Viele von ihnen haben eine beträchtliche Anzahl philosophischer Werke auf deutsch oder japanisch gelesen. Ebenso kennen sie die alten Philosophen wie Platon und Aristoteles. Aber die ureigenen Elemente der japanischen Kultur, die »Dos« und andere kulturelle Grundlagen, bleiben bestehen. Es stellt sich nun die Frage: Wie wird, wie kann die japanische Mentalität in der Zukunft aussehen? Ohne Zweifel wird im Laufe unserer Ausführungen deutlich geworden sein, daß die japanische Kultur tiefe ethische Werte enthält, und es wäre sehr bedauerlich, wenn diese verloren gingen. Japan, das sich in den vergangenen Jahren unter dem Druck des Nationalismus dem westlichen Einfluß entzogen hatte, ist diesem erneut ausgesetzt. Die Gefahr besteht, daß dies für den Fortbe-

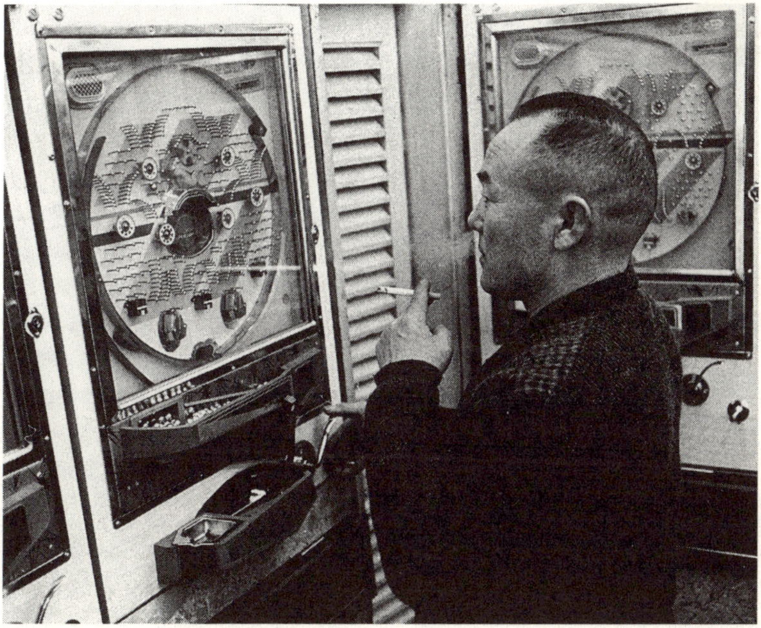

stand der eigenen japanischen Kultur Nachteile bringt. Wenn man dieser Gefahr erliegen würde, wäre das ein großer Verlust für Japan. Das wäre kein Japan mehr. Wir halten es für nötig, daß alle, die am Wiederaufbau von Japan mitarbeiten, eine weitreichende Kenntnis seiner Kultur besitzen. Nur unter dieser Bedingung können sich das geistige Leben Japans gesund und kraftvoll entwickeln und negative Reaktionen vorgebeugt werden, die nur wieder einen effektiven Fortschritt hindern würden.

Bevor wir dieses Kapitel beschließen, müssen wir uns dem Problem des »Tenno« zuwenden. Die Organisation des »Tenno« ist auch ein »Do«. Er heißt »Kodo« oder Weg des Königs. Er ist so alt wie das japanische Volk selbst und bestand daher vor den anderen »Dos«. Wir haben bereits gesehen, daß sich dieses System bald nach Beendigung des Krieges gewandelt hat. Der Kaiser ist geblieben, aber seine Position hat sich sehr verändert. Steckt nicht auch im »Kodo« etwas, was für die Zukunft sinnvoll ist? Die Japaner haben bereits bewiesen, daß sie den Kaiser behalten wollen. Der Titel »göttlich« wurde beiseite gelassen, aber die Verehrung des Volkes ist geblieben. Man lese das »Manyoshu«, eine Sammlung alter Gedichte, um den bewunderungswürdigen Großmut und den Adel, die der »Kodo« entwickelt hat, kennenzulernen. Wahrscheinlich tritt der japanische Geist nirgendwo so deutlich in Erscheinung wie gerade in diesen Gedichten. Es ist möglich, daß unsere modernen Demokratien das nicht zu würdigen wissen, aber für das japanische Volk ist es eine ganz selbstverständliche Sache. Man bedenke, daß es in einem sehr kleinen Lande lebt, wo man dem sozialen Geflecht nicht entkommen kann. Das hat dazu geführt, daß man wie eine große patriarchalische Familie zusammenhält. Hier lebt der Mensch wirklich in Gemeinschaft. Daher stammt seine sprichwörtliche Höflichkeit. Der moderne demokratische Mensch dagegen ist unabhängiger Individualist, und sein Nachbar interessiert ihn wenig. Der »Kodo« hat das Volk auf patriarchalische Weise vereinigt. Er ist sozusagen das Wesen des japanischen Volkes, und falls man es verachten oder nicht berücksichtigen würde, entstünde die Gefahr sozialer Degeneration. Es ist sehr bedeutungsvoll und bemerkenswert, daß die Vorgesetzten der nordamerikanischen Besatzungstruppen in Japan viel Verständnis für das japanische Volk bewiesen haben, wenigstens was diese Eigenart betrifft. Denn sie hatten ungeachtet der eigenen Ansichten den Kaiser als Staatsoberhaupt regelmäßig bestätigt. Es ist wahr, daß wir nicht im entferntesten vermuten können, wie sich Japan im Laufe von mehreren Jahrhunderten entwickeln wird. Trotzdem sind wir überzeugt, daß der »Kodo« seine Wichtigkeit haben wird, in welche Richtung der Wandel auch gehen mag.

Japan und das Christentum

Von den Anfängen bis heute

Bevor wir etwas zu der gegenwärtigen Lage des Christentums und seiner nahen oder fernen Zukunft in diesem besonderen Volke sagen, möchten wir auf die Geschichte der Kirche in Japan eingehen. Der christliche Glaube wurde zum ersten Mal durch den Jesuiten Franziskus Xaver (heiliggesprochen 1622) in das Kaiserreich eingeführt, der dort am 15. August 1549 ankam. Er blieb nur zwei Jahre in Japan und starb 1552 in Sanchon. Nach seinem Tode verbreiteten die Jesuiten den christlichen Glauben mit großem Erfolg. Ganze Provinzen nahmen den Glauben an, dem Beispiel und Eifer ihrer Prinzen folgend. Aber gegen Ende desselben Jahrhunderts setzte eine so heftige Verfolgung ein, daß nach Ablauf der nächsten dreißig bis vierzig Jahre kein Priester und keine Kirche im ganzen Land mehr übriggeblieben war. Nur einige wenige tausend Katholiken brachten es fertig, sich in der Nähe von Nagasaki zu verbergen. Sie bewahrten ihren Glauben, obwohl sie 250 Jahre lang keinen Priester hatten, bis schließlich die Mission wieder kam.

Durch die Restauration Meiji (zweite Hälfte des 19. Jahrhunderts) öffnete sich das Land den internationalen Beziehungen, und die Missionare kamen erneut nach Japan. Aber als man die Existenz vieler Christen, die im geheimen dem christlichen Glauben angehangen hatten, entdeckte, brach die Verfolgung wieder aus. Man schickte sie in verschiedene Teile des Landes, und viele starben aufgrund von Mißhandlungen, die sie im Exil erlitten. Einige Jahre später wurde die Religionsfreiheit eingeführt, und seitdem wurde auch das Christentum in Japan gesetzlich anerkannt. Von dem jahrhundertealten Staatsshintoismus und seinen Bräuchen blieben auch nach der offiziellen Abschaffung noch Spuren. Wegen dieser tiefverwurzelten Vorurteile, verbreitete sich der christliche Glaube nicht so schnell wie im sechzehnten Jahrhundert. Die ersten Jahrzehnte boten eine ziemlich schwierige Situation. Aber die Zeiten änderten sich allmählich, und man begann wenigstens in den Städten den Einfluß des ausländischen Gedankenguts zu spüren. Das Volk auf dem Lande hat selbst in neuester Zeit kaum die Vorurteile überwunden. Außerdem entstehen neue Hindernisse aufgrund der modernen westlichen Philosophie. Diese hat unter den Gebildeten viel Anklang gefunden, sie steht jedoch dem christlichen Glauben ziemlich kritisch gegenüber. Dazu kommt noch, daß dieser in der letzten Zeit nicht wie im sechzehnten Jahrhundert als eine einheitliche, sondern als gespaltene Religion mit verschiedenen Konfessionen und Riten nach Japan gekommen ist. Die wiederholten Spaltungen und religiösen Konflikte im Westen haben einen schlechten Eindruck gemacht. Schließlich zog noch ein weiterer Feind ins Feld: der Nationalismus, der während des Krieges seinen Höhepunkt erreichte.

Das Resultat all dieser Hindernisse ist das folgende: nach siebzigjähriger Arbeit der Missionare in Japan gab es 1947 nur 130 000 Katholiken und etwa 200 000 Christen verschiedener anderer Konfessionen. Wir sagten bereits, daß nach dem Kriege im religiösen Bereich ein großer Wandel eintrat. Jetzt besteht großes Interesse für das Christentum, aber es ist noch keine Bewegung großer Massen. Das ist auch nicht möglich, denn die Anzahl der Katholiken ist recht klein im Verhältnis zur Gesamtbevölkerung, die (1947) über sechzig Millionen zählte. Der christliche Glaube ist also noch nicht bekannt genug, um große Zahlen von Gläubigen anzuziehen. Es stimmt, daß viele die Kirche dem Namen nach kennen, aber sie wissen beinahe nichts von dem, was sie beinhaltet. Dazu kommt noch die Zerstörung der meisten unserer Kirchen, die Armut und die begrenzten Räumlichkeiten ihrer Gebäude, dort wo sie wieder aufgebaut wurden. Sie bieten daher nichts, was für diejenigen, die den christlichen Glauben nicht kennen, anziehend wäre. Die Anzahl der Missionare ist sehr klein: Vor dem Krieg waren es knapp 250 ausländische und ungefähr 150 japanische Priester, aber viele mußten während des Krieges in ihre Herkunftsländer zurück, weil sie einer kriegführenden Nation angehörten, und nur wenige konnten hinterher wieder zurückkommen. Es bestand außerdem noch ein anderer Grund, der einer großen religiösen Bewegung im Wege stand: die Ernährungsschwierigkeiten. Die Lebensmittelrationen waren sehr begrenzt, und das Volk mußte diesem Mangel Rechnung tragen. Das nahm viel Zeit in Anspruch und war die Hauptsorge von allen. Dasselbe kann man von Kleidung und Heizung sagen. Trotzdem ist die Anzahl derer, die um Glaubensunterricht bitten, viel größer als vor dem Krieg. An manchen Orten ist sie zehnmal so groß. Wenn jemand von uns gebeten wird, in einem Freundes- oder Familienkreis über den christlichen Glauben zu erzählen, so ist festzustellen, daß man immer noch mehr hören möchte und uns bittet, wiederzukommen. In den katholischen Schulen ist die Zahl der Kinder groß, die im Einverständnis mit ihren Eltern Glaubensunterricht haben wollen. Wenn man einen öffentlichen Vortrag hält, so sind die meisten Fragen, die man uns stellt, rein religiöser Art.

Öffentliche Haltung zum Christentum

Doch nicht nur in privaten Kreisen ist das Interesse für das Christentum entstanden, sondern auch in offiziellen Kreisen. Möge folgendes als Beispiel dienen: In einer Stadt wurde von Nichtchristen ein Projekt entwickelt, um eine internationale Universität zu gründen. Es ist geplant, Professoren aus dem Ausland zu berufen, und man wünscht, daß eines der wichtigsten Institute eine Fakultät für christliche Theologie sei. Wir katholischen Missionare wurden offiziell dazu eingeladen, um daran mitzuarbeiten. So etwas wäre vor einiger Zeit noch undenkbar gewesen. Es beweist, daß im Moment sogar die Regierung dem Christentum wohlwollend gegenüber steht. Es stimmt, daß die christliche Religion auch schon vorher erlaubt war und sogar rechtlich anerkannt durch das Gesetz zur Überwachung der Religionen, das vor 1939 verabschiedet wurde, trotzdem aber betrachtete man die christliche Religion in Japan immer als eine Gefahr, wie wir schon weiter oben besprochen haben. Das Gesetz zur Überwachung der Religionen wurde nach dem Kriege abgeschafft; jetzt hat sich die Einstellung maßgeblicher Kreise geändert. Sogar die hohen Funktionäre halten die Mitarbeit der Christen beim Wiederaufbau Japans für seine weitere Entwicklung für wesentlich.

Selbst die kaiserliche Familie interessiert sich für das Christentum. In diesem Zusammenhang möchte ich folgendes erzählen. Es wurden einmal ein Buddhist, ein Protestant und ein Katholik vor den Kaiser gebeten, um ihre jeweilige Lehre vorzulegen, so wie in einem arabischen Märchen, das in manchen spanischen und italienischen Büchern des Mittelalters erzählt wird. Nach dieser Zusammenkunft, sagte man, habe der Kaiser sich besonders für die Ansichten des Katholiken interessiert. Es möge nebenbei noch bemerkt werden, daß die kaiserliche Familie auch in der Vergangenheit dem Christentum gegenüber niemals feindlich eingestellt war. In der Verfolgungszeit hatte der Kaiser praktisch keine Macht, denn die eigentlichen Herrscher des Landes waren die »Shoguns«. Diese waren es, die die Christen verfolgten. Der Kaiser hätte auch eine feindliche Haltung einnehmen können, aber er hat das, wenigstens soweit uns bekannt ist, nie getan. Im allgemeinen kann man sagen, daß die kaiserliche Familie nach dem Krieg deutlich ihre Sympathie für das Christentum ausgesprochen hat.

Aus dem bisher Gesagten wird der Leser deutlich erkennen, daß eine große Veränderung zugunsten des Christentums eingetreten ist. Diejenigen, die mit den Schwierigkeiten vertraut sind, die in der Vergangenheit die Missionare behinderten, mag das verwundern. Es ist daher verständlich, wenn viele besorgt fragen: Ist diese Veränderung zugunsten des Christentums wirklich aufrichtig und tief? Ist sie wirklich religiösen Motivationen zuzuschreiben, oder erwartet das Volk materielle Vorteile durch die Annahme des westlichen, christlichen Glaubens? Müßten wir nicht auf der Hut sein, anstatt es so optimistisch zu sehen? Außerhalb Japans bin ich nicht selten Leuten begegnet, die fest davon überzeugt waren, daß die meisten Bekehrungen der Nachkriegszeit dem Wunsche des Volkes zuzuschreiben sind, sich den Nordamerikanern zu nähern, die jetzt so viel Macht in Japan haben. Es stimmt, daß die nordamerikanische Besatzungsmacht gegenüber dem Christentum eine positive Haltung eingenommen hat. Die Besatzungsmächte haben den Missionaren ohne Unterschied ihrer Nationalität geholfen. Aber trotzdem habe ich nie gehört, daß den japanischen Christen irgendwelche besonderen Vorrechte zugestanden wurden, und noch viel weniger, daß diejenigen, die um Glaubensunterricht baten, jemals den Wunsch geäußert hätten, durch die Missionare in Kontakt mit den Besatzungsmächten zu kommen. Einige Japaner baten die Missionare, aber wiederum ohne dabei auch nur entfernt anzudeuten, daß sie Christen werden wollten. Abgesehen von all dem können wir eindeutig sagen, daß die Japaner, die Christen geworden sind, dies nicht taten, um materielle Hilfe zu bekommen, wenigstens nicht diejenigen, die zur katholischen Kirche kamen. Wir haben bei unserer caritativen Arbeit in den Armenvierteln Tokyos bemerkenswerte Erfahrungen gesammelt. Wir machten zum Beispiel folgende überraschende Beobachtung: Leute, die regelmäßig von uns unterstützt wurden, hörten auf, weiterhin um Hilfe zu bitten, wenn sie den Eindruck bekamen, daß man sie zum Christentum bekehren wollte, obwohl dies eine unbegründete Befürchtung war, da wir niemals dergleichen beabsichtigten. Aber aus irgendeinem uns unbekannten Grunde fühlten sie sich gezwungen, sich zurückzuziehen. Zwar entstanden im Rahmen der caritativen Arbeit Gespräche, aber nicht so vordergründiger Art, wie man sich vorstellen könnte. Es müssen andere Faktoren im Spiele sein, die diese Bewegung zum Christentum erklären.

Chance des Christentums nach dem Zusammenbruch des alten Japan

Weiter oben haben wir schon von diesen Gründen gesprochen. Das japanische Volk hat bittere Erfahrungen gemacht; es hat die Unbeständigkeit all dessen erfahren, was es für glaubwürdig gehalten hatte. Ein Ausländer wird schwer verstehen können, was das alles für das japanische Volk bedeutet hat. Viele starben, Soldaten sowohl wie Zivilbevölkerung. Hiroshima ist nicht der einzige Ort, an dem viele umgekommen sind. Man könnte dasselbe im Hinblick auf die Brandbombenangriffe auf Tokyo, Kobe und andere Städte sagen. Beim ersten Bombenangriff auf die Residenzviertel Tokyos starben etwa achttausend Menschen durch das Feuer; und das war nur eine Einleitung von dem, was kommen würde. Die Nahrungsmittel wurden täglich weniger. Alle Metallobjekte, auch der Tempel, mußten ohne Ausnahme für Kriegszwecke abgeliefert werden. Die Leute fragten, was sie sonst noch geben könnten, da sie bereits alles verbraucht hatten. Man muß auch noch den psychologischen Druck der Bombenangriffe berücksichtigen. Jeder hielt es für unvermeidlich, daß eines Tages sein Haus mit all dem, was noch nicht auf das Land gebracht worden war, abbrennen würde. Hunderttausende von Wohnungen gingen in Flammen auf. Wenn man mit der Bahn von Tokyo nach Simonoseki fährt, begegnet man auf dieser Hauptlinie auf tausend Kilometern kaum einer Stadt, die nicht teilweise oder ganz zerstört ist. Und das geschah alles, ohne daß es irgendeine Möglichkeit gegeben hätte, es zu vermeiden oder vorzubeugen.

Eine Zeitlang lebte man in der Überzeugung oder Hoffnung, daß Japan den Krieg gewinnen würde. Aber nach und nach nahm sie ab und verschwand schließlich ganz. Trotzdem waren die Japaner bereit, sich weiterhin aufzuopfern und zu leiden. Dann fielen die Atombomben auf Hiroshima und Nagasaki. Kurz danach war die Kapitulation. Alle großen Pläne und Hoffnungen Japans waren hinfällig. Japan brach zusammen. Es stimmt, daß viele Völker nicht nur einmal, sondern öfter einen Zusammenbruch erlebt haben. Aber für Japan geschah das in seiner über zweitausendjahre alten Geschichte zum ersten Mal. Es stand nicht nur vor einem militärischen Zusammenbruch, sondern vor dem Zusammenbruch des ganzen alten Japans mit seiner Glorie und seinen großen Ambitionen. Was niemand für möglich gehalten hatte, geschah in einem Ausmaß, das nicht schlimmer hätte sein können. Wir müssen versuchen zu verstehen, was das für das japanische Volk, das seit jeher nie so sehr für sich selbst wie für sein Land gelebt hat, bedeutet. Nach dieser großen Enttäuschung suchten viele Menschen Trost und Kraft in der Religion, als dem einzig Unvergänglichen, was durchaus verständlich ist. Es ist eine logische Reaktion; denn die Japaner hatten durch die Lehre des Buddhismus gelernt, daß die irdischen Dinge unsicher und vergänglich sind. Nicht nur im eigentlichen Religionsunterricht, sondern auch in den klassischen No-Dramen begegneten sie dieser Überzeugung in einer tiefen poetisch-philosophischen Ausdrucksweise. Aber die Japaner hatten trotz des Buddhismus eine gewisse bequeme Oberflächlichkeit angenommen. Solange sie nicht leiden, stellen sie keine philosophischen Überlegungen über die Notwendigkeit der Religion an.

Aber wenn sie mit großen Schwierigkeiten und Leiden in Berührung kommen, erscheint das religiöse Gefühl spontan. Dann suchen sie etwas Ewiges, auf das man sich ganz und gar verlassen kann. Und das ist die Religion. Wir haben schon erklärt, warum die Japaner sich in diesem Augenblick neben anderen Religionen, wie dem Buddhismus oder Shintoismus auch dem Christentum zuwenden, um ihrem Verlangen entgegenzukommen. Auch gibt es noch einen weiteren Grund, der unsere Überzeugung von der ernstzunehmenden Gesinnung der gegenwärtigen Bewegung zum Christentum stützt. Es ist die Tatsache einer gewissen Ähnlichkeit zwischen letzterem und der eigenen japanischen Kultur. Schon Franziskus Xaver hatte erkannt, daß sich das japanische Volk von allen Völkern des Orients in der günstigsten Lage befand, um den christlichen Glauben anzunehmen. Der große Anfangserfolg im sechzehnten Jahrhundert gab seiner Meinung recht. Die Verfolgungen, die später stattfanden, zerstörten die Missionen, aber gleichzeitig bewiesen sie, wieweit die japanischen Christen in ihrem christlichen Heroismus gelangen konnten. Männer, Frauen und sogar Kinder wurden Märtyrer.

Hohe religiöse und ethische Ansprüche

Bei unserer Darstellung der »Dos« wird aufgefallen sein, daß sie dem Geist des Evangeliums nicht fernstehen. Wir erinnern an den Geist der Armut und Einfachheit des Bushido, an seine Bereitwilligkeit, sein Leben um höherer Werte willen, besonders der Treue, hinzugeben. Als die Samurais den christlichen Glauben annahmen, gaben sie den Geist des Bushido nicht auf, sondern formten ihn zu einem christlichen Leben um. Ein gewisser Prinz erfuhr einst über andere, daß sein Edelknabe Christ geworden war, was damals streng verboten war. Der Prinz ließ ihn vor sich kommen und fragte, ob es stimme, was von ihm gesagt wurde. Der Knabe antwortete: »Ja, ich bin Christ. Wenn sie wollen, können sie mir den Hals abschneiden.« Dem Prinzen gefiel der Mut, und er schenkte seinem Edelknaben das Leben. Diese christlichen Samurais waren ihren Herren bis zum Äußersten treu. Aber sie gaben unter keinen Umständen ihren Glauben auf. Sie hätten sogar ihre weltlichen Ehren aufgegeben, die sie über das Leben stellten. Ihre größte Ehre war, ihr Leben für Christus hinzugeben. Viele Christen jener Zeit warteten nicht darauf, daß man sie gefangen nehme, sondern stellten sich selber der Obrigkeit und bekannten sich als Christen, um für den Glauben zu sterben. Andere verbargen Missionare, in voller Kenntnis, daß sie mit der ganzen Familie hingerichtet werden würden, wenn man sie entdeckte.

Im Zusammenhang mit dem Chado haben wir bereits gesagt, daß auch die gegenwärtigen Teemeister eine ausgesprochene Sympathie für die christliche Religion an den Tag legen, die besonders in ihrer Hochachtung vor der katholischen Liturgie zum Ausdruck kommt. Für sie ist eine würdig gefeierte Zeremonie nicht nur ein ästhetischer Genuß, sondern auch etwas sehr Erbauliches, was andererseits typisch japanisch ist. Aus der Vollkommenheit der Zeremonie leiten die Teemeister die asketische Lebensform des Priesters ab; denn sie glauben, daß eine Zeremonie in ihrer vollen Schönheit nur von jemandem vollzogen werden kann, der durch jahrelange strenge asketische Übungen volle Selbstbeherrschung erlangt hat. Dergleichen erfüllt sie mit Bewunderung und zieht sie an. Eines Tages sagte mir ein Japaner, daß die Teemeister gerne an der Eucharistie teilnähmen, die in der Kapelle der katholischen Universität gefeiert wurde, da sie, wie sie sagten, festgestellt hatten, daß die asketisch-geistige Schulung der Jesuiten in der Art und Weise, wie sie Messe feierten, zum Vorschein kam. Und man meine nicht, daß dergleichen feine Beobachtungen nur bei Teemeistern vorkommen; sie sind dem ganzen japanischen Volk eigen. Darum besteht zum Beispiel in einer katholischen Mädchenschule, die hauptsächlich von jungen Mädchen aus höheren Schichten besucht wird, die Mutter Oberin darauf, daß ein Priester mit der Askese seines Berufs die Messe feiert, denn sonst, sagte sie, würden die Mädchen ein Gefühl haben, als wenn sie gar nicht an einer wirklichen Messe teilgenommen hätten. Dies hängt zu einem großen Teil mit der Erziehung durch den Chado zusammen. Auch die enge Beziehung der Japaner zu der Kunst einerseits und Moral und Askese andererseits, läßt sich darauf zurückführen. Ähnliches haben wir beim Kendo und Kyudo gesehen. Der Geist beider zeigt sich in der Bereitschaft, sich von allem zu lösen, und in der inneren Freiheit. Das gleiche fordert auch der christliche Glaube. Ebenso strebt der Kyudo, wie gesagt, nicht nach Darstellung konkreter Einzelobjekte, sondern nach dem Absoluten, was ihm einen mystischen Zug verleiht.

Außer der Moral der »Dos« gibt es in Japan im allgemeinen eine hochstehende Moral, was Ausländern oft unbekannt ist. An den japanischen Schulen wurde der Meiji-Verfassung gemäß zwar kein Religionsunterricht erteilt, aber Moral war Pflichtfach. Der Laizismus dauerte bis zum Krieg und hatte stark nationalistische Züge. Immerhin kann man sagen, daß er wenigstens in den wesentlichen Punkten dem Naturgesetz entsprach. Es ist auch erstaunlich, daß das japanische Volk ein so klares Wissen um die richtige Moral bewahrt hat. Natürlich gibt es auch hier wie überall auf der Welt schwache Punkte. Aber im allgemeinen kann jeder Japaner sehr genau zwischen gut und böse unterscheiden. Die Missionare verwenden meistens nur wenig Zeit darauf, die Gebote zu erklären, weil sie bei den meisten bekannt sind. Nur selten begegnet man einem Konvertiten, der die Morallehre nicht schon kennt. In den nicht-christlichen Familien herrscht ein hohes ethisches Moralbewußtsein. Zum Beispiel gibt es keine Poligamie im eigentlichen Sinne. Es fällt auf, wie viele hervorragende junge Menschen beiderlei Geschlechts aus solchen Familien kommen. Die Japaner haben ein feines Gespür dafür, ob ein Missionar, ob ein katholischer unverheirateter Priester wirklich selbstlos und frei von irdischen Dingen ist oder nicht und ob er nur zum Schein eine Askese vortäuscht, die der Wirklichkeit nicht entspricht. Dies ist für sie das stärkste und deutlichste Argument für die Göttlichkeit seiner Religion und überzeugt stärker als jede apologetische Theorie. Möge die Auffassung, die man im Ausland vom japanischen Volk hat, sein wie sie wolle, sicher ist, daß diejenigen, die es aus eigener Erfahrung gut kennen, der Meinung sind, daß es sich in diesem Punkt seit den Zeiten des Franziskus Xaver bis jetzt nicht geändert hat. Es gilt noch, was Tertulian von der »anima naturaliter christiana« gesagt hat. Pater Torres, einer der Gefährten des Franziskus Xaver, schrieb in einem seiner Briefe an seinen Provinzial: »Niemals wird man in Japan Erfolg haben, wenn man nicht ein Leben führt, das einer strengeren Askese unterliegt als die der Bonzen, sowohl theoretisch wie praktisch.« Gegenwärtig stehen nicht alle Bonzen in Japan in hohem Ansehen. Besonders geschätzt sind die Zenbonzen wegen ihrer strengen Askese. Die Japaner sagen öfter, daß die echten Missionare dem gleichen, was Zen innerhalb der buddhistischen Sekten ist. Aus all diesen Gründen besteht kein Zweifel, daß das Interesse für das Christentum, das gegenwärtig bei so vielen Japanern entsteht, nicht etwas oberflächliches, sondern tief in ihrer Mentalität verwurzelt ist. Für Japan ist das Christentum die echte Fortsetzung und Vervollkommnung seiner eigenen geistigen Kultur. Es ist also nicht verwunderlich, daß in der heutigen Zeit eine Sympathiewelle für das Christentum entsteht.

Was füllt das Vakuum

Heute ist der Weg frei von Hindernissen und offen für das Aufnehmen der christlichen Botschaft. Um dies noch verständlicher zu machen, möchten wir den rein religiösen Aspekt jetzt etwas beiseite lassen und die Bedeutung, die das Christentum für Japan im sozialen Bereich haben würde, hervorheben. Wie wir schon sagten, versucht Japan demokratischer zu werden, und es liegt nahe, daß es im sozialen Bereich auf die europäischen und nordamerikanischen Modelle schaut. Man steckt noch in den Anfängen, und es ist nicht deutlich, wie es weitergehen soll. Das neue

Japan existierte 1947 noch nicht. Es steht an einem gefährlichen Kreuzweg, und wir meinen sagen zu können, daß Japan sich selbst verloren hat. Aber es will und möchte sich wiederfinden, indem es das, was es früher an Gutem besaß, auf eine neue Weise wieder aufnimmt.

Wir wollen hier nicht theoretisch diskutieren, welche Staatsform für Japan die geeignetste sei. Es wäre eine unnütze Diskussion. Das unübersehbare Faktum ist, daß die frühere Staatsform völlig – und wie es scheint endgültig – zusammengebrochen ist. Dadurch verlor Japan seine eigentliche geistige Struktur. Man kann sagen, daß seine Staatsform im wesentlichen auf zwei gewaltigen, aber schwachen Säulen ruhte: zum einen die Verehrung des Kaisers, die eng mit dem Shintoismus zusammenhängt, und zum anderen der Buddhismus als vorherrschende Religion und kulturbedingender Faktor. Der Kaiser funktionierte nach dem Kriege ohne die Verehrung, die einer göttlichen Person entgegengebracht wird, auf eine wesentlich andere Art und Weise als früher. Der Shintoismus ist aufgehoben worden. Damit wollen wir jedoch nicht sagen, daß der Kaiserkult völlig verschwunden ist; denn so einfach ist eine Jahrtausende alte Tradition nicht abzuschaffen. Aber wenn wir die Dinge objektiv betrachten, können wir mit Recht sagen, daß die alten Fundamente nicht mehr bestehen, und falls keine neuen an ihre Stelle treten, muß das ganze Gebäude notwendigerweise zusammenstürzen. Vom Buddhismus haben wir schon gesagt, daß er in den Augen der Gebildeten und Fortschrittlichen des Landes viel an religiöser Kraft eingebüßt hat, bald werden sogar die kostbaren »Dos«, die ihm zu verdanken sind, verloren gehen. Es ist deutlich, daß das Christentum als geistige Kraft eine sehr große Bedeutung für den Wiederaufbau Japans haben kann, kulturell, sozial und sogar politisch.

Es gibt noch einen weiteren nationalen Grund hinsichtlich der Bedeutung des Christentums in Japan. Wir sagten bereits, daß eines der größten Probleme dieses Landes die Überbevölkerung ist. Die

einzige Lösung für den Bevölkerungsüberschuß besteht darin, in anderen Teilen der Welt Platz zu finden. Doch wir stoßen dabei auf das unüberbrückbare Problem, daß die Länder, die Platz genug haben, die japanischen Einwanderer nicht akzeptieren. Ohne Zweifel haben sie ihre Gründe dafür, darunter die Angst vor der Konkurrenz. Die Japaner integrieren sich selten in die Bevölkerung fremder Nationen und könnten daher auf die Dauer zu einer politischen Gefahr werden. Aber diese Gefahr ist seit dem Zusammensturz des Nationalismus und der Abschaffung des Shintoismus als Staatsreligion beträchtlich kleiner geworden.

Eine schmerzliche Erfahrung lassen wir dabei außer acht: die Verachtung der japanischen Rasse, der wir bedauerlicherweise in den sogenannten christlichen Ländern oft begegnen. Sie ist glücklicherweise z.B. in Lateinamerika unbedeutend. Dort gibt es das Problem ethnischer Minderheiten nicht, und die Japaner widmen sich in aller Ruhe ihren freigewählten Geschäften, ohne daß irgend jemand sie dabei belästigt.

Die Lösung der japanischen Probleme ist schließlich nicht nur für Japan selbst wichtig, sondern auch im Hinblick auf einen dauerhaften Frieden in der Welt. Die ganze Welt sollte sich daher bemühen, dafür eine Lösung zu finden. Insofern ist das Christentum in Japan nicht nur für die eigenen Landsleute von Bedeutung, sondern weit über die Grenzen Japans hinaus. Hier müssen wir noch etwas hinzufügen: Es ist nötig, auf geistiger Ebene zu einer großen Synthese zwischen Ost und West zu kommen. Hiermit berühren wir den neuralgischen Punkt eines umfassenden und tiefgreifenden Problems, das niemand übersehen kann. Man spürt es seit vielen Jahren, aber man hat bisher noch keine Lösung gefunden. Dank des großen Fortschritts in den Verkehrs- und Kommunikationsmitteln kommen sich beide Pole immer näher. Vermutlich wird deshalb auch die Dringlichkeit einer ökonomischen Zusammenarbeit auf Weltebene täglich größer. Aber wie sieht es mit der geistigen Annäherung aus? Ist es nicht vielleicht so, daß man sich geistig voneinander entfernt, je mehr man physisch zueinander kommt? Wie viele Leute im Westen kennen wirklich die Kultur eines Volkes im Orient von den Wurzeln her? Und im Osten gibt es sehr wenige, die mit der westlichen Kultur vertraut sind. Ich würde sogar sagen, sie sind weit davon entfernt, sie zu verstehen. Sie haben zwar Kant und Goethe gelesen, sie hören gerne Beethoven und Schubert, aber sie bekennen selbst, daß sie damit noch sehr wenig verstanden haben. Solange es nicht zu einem wirklichen Verständnis, einer geistigen Synthese kommt, sind wir noch weit davon entfernt, eine einheitliche Menschheit zu sein, und solange wird jeder Versuch, einen festen und dauerhaften Weltfrieden zu erreichen, illusorisch bleiben. Bis jetzt haben wir festgestellt, daß weder mächtige Heere noch großartige Marineeinheiten den Frieden garantieren können. Unsere Erfahrungen aus der jüngsten Vergangenheit sind bedrückend, und wir wollen verhindern, daß sie sich wiederholen. Darum behaupten wir, daß eine einheitliche Welt ohne die Synthese von Ost und West nur eine Fiktion wäre, die bei der ersten Gelegenheit, sobald sich ein schwerwiegendes internationales Problem zeigte, wie eine Seifenblase zerplatzen würde. Vor allem ist es nötig, ein verbindendes Element zu finden, und das wird nur geistiger Art sein können.

Wir werden nicht verhindern können, daß es in verschiedenen Völkern auch unterschiedliche Kulturen gibt, aber es ist nötig, daß zu gleicher Zeit über diese Unterschiede hinaus eine religiöse Einheit existiert. Der Buddhismus hat lange Zeit in Japan geherrscht, und jetzt merken wir, daß er den religiösen Bedürfnissen des japanischen Volkes nicht mehr bedenkenlos entspricht. Man kann dagegen nicht zu Unrecht einwenden, daß ja auch das Christentum in Europa und Amerika in der letzten Zeit zurückgegangen ist.

Das Christentum ist keine nur westliche Religion, in dem Sinne wie der Hinduismus indisch ist. Es stimmt, daß die westliche Kultur auf dem Christentum aufbaut und so stark mit ihm verwoben ist, daß sie mit ihm steht und fällt. Das Christentum jedoch basiert in seinen wesentlichen Elementen weder auf der westlichen Kultur noch auf der westlichen Mentalität. Es ist mit Christus entstanden, in Galiläa verkündet worden, einem östlichen Land, und es ist fähig, sich in einer östlichen christlichen Zivilisation zu entwickeln, so wie es das in der westlichen vermochte. Wenn das Christentum sich erst im Osten verbreitet hätte, wäre es mit ganz anderen Eigenschaften entstanden als den jetzigen. Im Westen verbreitete es sich der Mentalität der westlichen Völker entsprechend. Auf der Grundlage der griechischen Philosophie entwickelte sich die Scholastik, die der Klärung und Festlegung theologischer Begriffe diente. Sie brachte die Summen eines Thomas von Aquin hervor, das große Werk, das die ganze katholische Philosophie und Theologie umfaßt. Wenn das Christentum sich mit derselben Intensität erst im Osten entwickelt hätte, ohne westliche Beeinflussung, hätte es wahrscheinlich niemals eine Scholastik gegeben. Es hätte sich stärker, als es jetzt der Fall ist, in einer intuitiven und mystischen Weise entwickelt. Dieser Aspekt ist mit den wesentlichen Elementen des Christentums durchaus vereinbar, wie das Bestehen einer katholischen Mystik deutlich beweist. Nach den Ausführungen im vorigen Kapitel ist ersichtlich, daß gerade dieser Aspekt unserer Religion für die japanische Mentalität sehr anziehend ist, wie ganz allgemein auch für jede andere östliche Mentalität. Es ist interessant, wie erstaunlich ähnlich die christliche und die Zenmystik sind. Christliche Mystiker wie Meister Eckehart und Ruysbroek sind in Japan sehr bekannt und erfreuen sich großer Beliebtheit. Wenn man sie liest, entdeckt man viele Formulierungen, die von Zenmönchen stammen könnten und umgekehrt.

Während andere Völker im Moment einen geistlichen Einfluß aus dem Westen eher ablehnen, öffnet sich Japan demselben. In Japan könnte jetzt der Anfang jener Synthese, die wir vorhin forderten, entstehen, so daß Ost und West geistig zu einer Einheit finden würden. Wenn man in der japanischen Kultur dieses große Problem lösen könnte, würde das einen ungeheuren Einfluß auf die anderen Völker des Orients haben. Vor dem Krieg hatte Japan eine geistige Herrschaft über sie erreicht. An den Universitäten Japans studierten Leute aus China, Korea und Indochina. Das Beispiel Japans würde also ein enormes Echo im ganzen Orient auslösen. Es würde in verborgene Winkel geistigen Lebens dringen und alle großen Nationen Asiens erreichen.

Nachwort

Wir haben dieses frühe Friedens- und Erneuerungszeugnis mit Absicht in seiner ursprünglichen, 1947 entstandenen, 1948 in Spanisch veröffentlichen Form, belassen, um die Atmosphäre und Überlegungen dieser Zeit getreu zu dokumentieren. In diesem Nachwort sind einige spätere Entwicklungen stichwortartig zu benennen, welche die Fortsetzung bzw. Erweiterung der damaligen Vorahnungen aus daraufhin folgender Perspektive skizzenhaft zeichnen.

Die Bedeutung der Friedenskirche in Hiroshima

Mit der Erfahrung der beiden Atombomben von Hiroshima und Nagasaki war die Notwendigkeit, daß der Krieg vollkommen abgeschafft wird, grundsätzlich erkannt worden. Trotzdem begann bald nach Abschluß des Krieges geradezu ein Wettlauf unter den Nationen in der Herstellung weiterer Atomwaffen. Zugleich aber verbreitete sich die Überzeugung, daß ein Dritter Weltkrieg das Ende der Menschheitsgeschichte bedeuten würde. So leben wir auch heute in einer gewissen Schizophrenie: Einerseits der Wahnsinn der atomaren Aufrüstung – andererseits der echte Friedenswille der ganzen Menschheit. Dieses Dilemma wird noch dadurch verstärkt, daß die allumfassende Technik das ganze Leben und die Spiritualität des Menschen von heute zu bestimmen scheint. Wo ist ein Ausweg aus dieser Krise? Wo ist der Ort dieser Erneuerung nach der technisch-atomaren Bedrohung der Menschheit? Neben dem notwendigen kultur-politischen Strukturwandel unserer Welt sehen wir die wichtigste Erneuerung in der »Geburt eines neuen Menschen«.

Das Problem des Weltfriedens ist in erster Linie eine Frage des menschlichen Herzens. In der gegenwärtigen »Weltstunde« kommt der Mensch nicht zur Ruhe, wenn es ihm nicht gelingt, sich diese neue Dimension, das neue Bewußtsein zu eigen zu machen. Deswegen kommt alles darauf an, jenes Neue zu integrieren, ein neuer Mensch zu werden, um einen immer dauernden Weltfrieden möglich zu machen. Das aber muß jeder Mensch selbst tun. Wir sollten nicht weit von uns entfernt danach suchen, sondern uns bemühen, im täglichen Leben wirklich Menschen des Friedens zu sein.

Hat nicht die Stadt Hiroshima, die von der ersten Atombombe getroffen wurde, hat nicht die Weltfriedenskirche, die symbolisch wie ein Phönix aus der Asche entstanden war, auch hier eine besondere Sendung? Hiroshima mit seiner Weltfriedenskirche mahnt zur weltweiten Abschaffung der Kernwaffen und zum immerwährenden Frieden des Herzens unter allen Menschen dieser Erde.

Diese Bedeutung der Friedenskirche ist heute genauso aktuell wie 1947. Seit der Grundsteinlegung für die Friedenskirche am 6. August 1950, seit ihrer Einweihung am 6. August 1954 hat sich diese Bedeutung auch am 6. August 1989 in keinem Punkt verändert: Ein Mahnmal des Weltfriedens!

Neue Auffassung der christlichen Mission

1947 waren wir, Missionare in Japan, fest überzeugt, daß vor allem das Christentum zur Erneuerung Japans führen würde. Schon damals waren aber Anzeichen dafür erkennbar, daß nicht allein die Gestalt des Christentums und anderer Religionen, sondern die Situation des Religiösen mitten in der Welt für die

weitere Entwicklung entscheidend sein wird. Das Zweite Vatikanische Konzil hat für die früher vorgeahnte und nun offensichtliche Erkenntnis in bezug auf die neue Gestalt der christlichen Mission unsere Augen geöffnet. In der ganzen Welt, auch in den traditionell christlichen Teilen, hat sich der Schwerpunkt vom formalen »Christsein« in die Richtung der tatsächlichen »Menschwerdung« verlagert. Viele Erscheinungen unserer Zeit, die gewiß z.T. nicht angenehm und besorgniserregend sind, sind als die Geburtswehen des neuen Menschen anzusehen. Die Menschheit leidet unter dieser Geburt ebenso wie jede Mutter, die ein Kind zur Welt bringt. Tiefersehende Menschen wissen, daß es kein Zurück zum Alten gibt, daß es daher sinnlos ist, zu versuchen, das Rad der Entwicklung zurückzudrehen. Sie wissen, daß es nun einzig und allein darauf ankommt, daß dieser neue Mensch gesund und lebenskräftig zur Welt kommt. Im ganzen Religiösen dieser Welt und somit in allen Religionen wirkt sich diese Entwicklung aus. Traditioneller Glaube kommt bei vielen Menschen nicht mehr an und wird fast in allen Teilen der Welt immer schwächer. Auch die Beweise, die sich im Religiösen wenigstens bis zu einem gewissen Grad anführen lassen, überzeugen nicht mehr, auch wenn sie vielleicht logisch stichhaltig sind oder wenigstens zu sein scheinen. Auch die religiösen bzw. kirchlichen Institutionen haben nun eine andere Bedeutung in dieser Hinsicht. Der Mensch verlangt nach der eigenen religiösen Erfahrung und kommt in vielen Fällen nur dadurch zur Ruhe. Es wäre unrecht, ihm dieses Verhalten als Mangel an religiösem Verständnis anzurechnen. Es geht bei ihm nämlich gar nicht um ein Nicht-Wollen, sondern um ein Nicht-Können, was aber doch wieder nicht als ein Mangel anzusprechen ist.

Bekanntlich sind die westlichen Religionen, besonders das Judentum, das Christentum und der Islam, eindeutig personal. Das heißt – die Gottheit wird als Person betrachtet. Im Namen dieses persönlichen Gottes wird dann auch die ganze Dynamik der Missionierung entwickelt. Seit einiger Zeit wird aber im Westen, also in den eigentlich christlichen Ländern der persönliche Gott sozusagen mehr und mehr »abgewertet« oder sogar unglaubhaft gemacht. Stattdessen beobachtet man dort eine starke Tendenz zu den kosmischen Religionen, z.B. Buddhismus oder anderen Religionen, die aus dem fernen Osten kommen. Freilich ist das Interesse an diesen Religionen oftmals mehr eine Neigung zu den Meditationsweisen, die sie anbieten, als zu den Religionen selbst. Manche suchen wohl auch eine andere Religion anstelle des Christentums. Bei den meisten, die entweder einmal Christen waren, aber nicht mehr glauben können oder auch unbefriedigt bleiben von der Art der Darstellung des Christentums in Form der traditionellen Glaubenslehre bzw. der Theologie, stellen wir ein Verlangen nach religiöser Erfahrung fest. Also nicht das Christentum selbst wird abgelehnt, sondern die traditionelle begriffliche Darstellung kommt nicht mehr an.

Es geht also im Augenblick gar nicht so sehr um die Unterschiede der Lehre, die von den Religionen angeboten wird, sondern um das religiöse Bewußtsein, wenn man es einmal so nennen darf. Es setzt sich sogar, so scheint es wenigstens, mehr und mehr die Meinung durch, daß die Religionen im Grunde genommen letztlich dasselbe meinen, wenn sie auch in der Darstellung auseinandergehen und sogar einander widersprechen. Dabei beobachten wir ein weltweites Phänomen. In allen Religionen und Weltanschauungen gibt es viele Menschen, die Gott suchen, ohne seinen Namen zu kennen. Der wahre Gott ist für sie namenlos. Auch gibt es heute viele Menschen, die Religion suchen, ohne das so zu nennen. Hier meldet sich das neue Bewußtsein an, das über das Begriffliche hinausweist. Auch innerhalb der Religionen wird vieles überprüft, was früher nicht oder kaum bezweifelt wurde. Was früher ohne Bedenken angenommen wurde, wird heute in Frage gestellt. Die letzte Wirklichkeit, nenne man sie »Gott« oder sonstwie, kann man nicht darstellen. Aber man kann sie erfahren.

Daher der Ruf nach Gotteserfahrung und Meditation, die diese Erfahrung vermitteln kann. Gerade in diesem Punkt setzt eine neue Vorstellung von der christlichen Mission an.

Die Erneuerung durch östliche Spiritualität

Seit dem Ende des Zweiten Weltkrieges hat das Zen, insbesondere die Zen-Meditation oder das Zazen in Europa und Amerika ein beständig anwachsendes Interesse gefunden. Es wurden dort nicht nur viele Bücher über das Zen geschrieben, sondern es fanden sich und finden sich immer wieder Leute, die von den westlichen Ländern eigens nach Japan reisten und reisen, um dort unter der Leitung eines erprobten Zen-Meisters das Zazen zu erlernen. Noch weit größer ist die Zahl derjenigen, die sich im eigenen Lande bleibend anhand von Beschreibungen und angebotenen Kurs-Möglichkeiten darum bemühen. Auch in Japan steigt die Kurve der Zen-Übenden, die nach Kriegsschluß jäh abgefallen war, langsam wieder an.
Forscht man nach den Gründen, aus denen das Zen im Westen solche Verbreitung gefunden hat, so findet man, daß dieselben oft sehr verschieden sind. Den größten Interessentenkreis bilden immer noch jene, die von Zen auf religiösem Gebiet Hilfe erhoffen. In diesem Kreis gibt es wieder verschiedene Abstufungen. Am höchsten stehen die Erwartungen jener, die zu dem von ihren Vorfahren ererbten Christentum den inneren Kontakt verloren haben, und wenn nicht zum Christentum schlechthin, so doch zu dem sogenannten Kirchen-Christentum. Sie sind durch mancherlei Umstände davon abgekommen, oder das Christentum ist ihnen, obwohl getauft, niemals zu einem religiösen Erlebnis geworden. Wenn in diesen nämlich auch später eines Tages, vielleicht nach großem Leiden und Prüfungen, das Verlangen nach Religion wach wird, so suchen manche von ihnen die Lösung

ihres religiösen Problems nicht im Christentum, gegen das sie im Laufe der Jahre viele Vorurteile aufgenommen haben, sondern wenden sich den sich anbietenden östlichen Religionen wie dem Zen-Buddhismus zu.
Eine andere Gruppe in diesem Kreis bilden jene, die, obwohl sie den christlichen Kirchen fernstehen, außerordentliche religiöse Erlebnisse gehabt haben und nun niemanden finden, dem sie sich anzuvertrauen wagen, aus Furcht, nicht verstanden zu werden. Wenn sie dann von Zen und Satori-Erleuchtung hören, finden sie dort gewissermaßen ihr eigenes Erlebnis wieder und wenden sich nun dem Zen zu, um dort Führung zu finden. Die Zahl jener, die solche außergewöhnlichen Erlebnisse haben, die man als mystische bezeichnen kann, ist nämlich in Europa verhältnismäßig groß, was wohl auf die Schrecknisse der beiden Weltkriege und die inneren Bedrängnisse, die totalitäre Staatsverfassungen für viele Menschen mit sich brachten, zurückzuführen ist.
Noch eine dritte Gruppe gehört dem Kreis der religiös am Zen interessierten Menschen an. Hier handelt es sich um Christen, die zwar an ihrem Glauben festhalten, und sogar ein intensives inneres Leben führen, oder führen möchten, in diesem Bestreben aber auf große Hindernisse stoßen, die mit dem Rhythmus des modernen Lebens gegeben sind und sich nicht umgehen lassen, es sei denn, daß man sich ganz vom öffentlichen Leben zurückzieht; das aber können jene Menschen nicht wegen ihrer beruflichen Verpflichtungen, durch die sie der Menschheit dienen. Da sie aber mit den christlichen Meditationsmethoden allein die genannten Hindernisse nicht zu überwinden vermögen, wenden sie sich dem Zen zu in der Hoffnung, dort die gesuchte Hilfe zu finden. Für die Katholiken kommt noch hinzu, daß das Zweite Vatikanische Konzil das Gute in den Traditionen der nicht-christlichen Religionen öffentlich anerkannt hat und die religiösen Orden sogar ermutigt, sich solche Traditionen wenn möglich zu eigen zu machen. Dabei handelt es sich natürlich nicht um Vermischung verschie-

dener Weltanschauungen, sondern um die Übernahme von Meditationsmethoden, soweit dieselben mit der eigenen Glaubenslehre nicht in Widerspruch stehen. Auf diesem Umweg finden viele von ihnen wieder den Weg zur kirchlichen Praxis und vor allem zur traditionellen gegenstandslosen christlichen Mystik, wie diese Meister Eckehart, Tauler, Teresa von Avila, Johannes vom Kreuz, Mönche vom Berg Athos und andere christliche Mystiker verstanden und entwickelt haben.
Wie man daraus entnehmen kann, geht die Entwicklung der Menschheit nach Hiroshima weg von traditionellen äußerlichen religiösen Strukturen in der Richtung zum »neuen Menschen«, der intuitiv, mystisch und radikal neu wird.

Perspektive der Welt nach Hiroshima

Zum Schluß möchten wir noch den Umstand erwähnen, der uns wenigstens gegenwärtig so lebendig vor Augen steht, daß wir nicht davon abstrahieren können, wenn es um Menschenfragen heute geht. Es ist eine Tatsache, daß die Menschheit sich in großer Gefahr befindet. Jedermann weiß, daß durch die Kernwaffen innerhalb weniger Stunden ein Großteil der Menschheit vernichtet werden kann, und daß die dafür nötigen Bomben und Raketen zum Abschuß bereit sind. Diese Möglichkeit verstärkt sich mit jeder Minute in dem Maße, wie die Vermehrung solcher Waffen fortschreitet. Ein Großteil aller Wissenschaftler der Großmächte ist dafür eingesetzt. Keiner will den Krieg, wie er heute sein wird, und doch rüstet alles fieberhaft dafür. Niemand weiß, wie man diesen Wettlauf aufhalten und die Kriegsgefahr endgültig beseitigen kann. Was das konkret bedeutet, hat der Präsident des Club of Rome im Dezember 1979 bei einer Tagung in Berlin mit folgenden Worten zum Ausdruck gebracht: »Sämtliche Religionen, Tabus und Wertsysteme, die unser Leben bestimmen, sind veraltet und unzuverlässig geworden. Aber die Menschheit muß erst begreifen, wie groß die Gefahr ist, um zur Vernunft zu kommen.«

Das Dilemma der heutigen Erde und der Menschheit läßt sich durch keinerlei menschliche Machenschaften lösen, solange sie innerhalb der Grenzen des bis jetzt gültigen mentalen Bewußtseins liegen. Das gilt auch dann, wenn so große Probleme wie Überbevölkerung, Rohstoffmangel, Umweltverschmutzung und der Krieg mit Kernwaffen bewältigt werden sollen. Das hier notwendige neue Bewußtsein kann nur dann evident werden, wenn das bisherige dreidimensionale Koordinatensystem überwunden ist, in dem nur Sichtbarkeiten Gültigkeit haben. Wir müssen versuchen, die vierdimensionale Ganzheit wahrzunehmen, die raum- und zeitfrei ist. Es gibt typische Ausdrucksweisen für die Charakterisierung dieses neuen Bewußtseins.

– Das Bemühen, die begriffliche Zeit zu überwinden.

– Durchsichtigkeit, die nicht aufgrund rationaler Schlußfolgerungen, sondern durch Begriffe und Worte hindurch zum Wesen der Dinge vordringt.

– Das ganzheitliche Wahrnehmen, d.h. ein Wahrnehmen, das immer auch das Ganze mit wahrnimmt und auf diese Weise einen extremen Dualismus überwindet. Durch diese Fähigkeit integriert der Mensch nicht nur selbst die neue Struktur, sondern wirkt durch seine bloße Gegenwart auf seine Umgebung in derselben Richtung. Die Wahrnehmung des Ganzen hängt ohne Zweifel eng mit der Durchsichtigkeit zusammen. Man kann sich diese Fähigkeit freilich weder durch Willensanstrengung noch durch Imagination aneignen. Um sich dafür zu disponieren, muß man darauf bedacht sein, auf vorgefaßte Meinungen, vorausträumende Wünsche und blind waltende Forderungen zu verzichten. Nur wo Egoismus überwunden ist, kann allmählich das Gleichgewicht einer in uns veranlagten Komponente und Bewußtseinsstruktur erreicht werden und der Mensch zur Durchsichtigkeit und zum ganzheitlichen Wahrnehmen befähigt werden.

– Für die Integrierung des neuen Bewußtseins ist es auch wichtig, zu wissen, daß die Not und Bedrängnis und sonstige Umstände, die uns gegenwärtig das Leben schwer machen, nur Symptome der sich anbahnenden Mutation sind. Es ist zwar berechtigt, sich zu bemühen, diese Not zu lindern. Aber wenn wir uns nicht gleichzeitig bemühen, uns für das neue Bewußtsein zu öffnen, kommen wir nicht aus der gegenwärtigen Not heraus, sondern es wird immer schlimmer, weil die gegenwärtige mentale Struktur ständig weiter degeneriert.

Wir leben in einer Zeit des Wandels, der sich auf diesen Gebieten und vielen anderen Bereichen vollzieht. Vieles, was in dieser Zeit unwandelbar zu sein schien, ist in Bewegung geraten, und niemand weiß genau im einzelnen und mit Sicherheit, was das Ergebnis dieses Wandels sein wird. Eine Weltuntergangsstimmung ist bei diesen Wandlungsprozessen nicht berechtigt, ganz abgesehen davon, daß eine solche Stimmung eher ein Hindernis werden kann, wenigstens das zu tun, was man noch zum besten der Menschheit tun kann. Eines wissen wir heute sehr klar: Es ist auf die Dauer keine Lösung, das Richtige, oder das, was man für das Richtige hält, mit Waffengewalt durchzusetzen. Es wird immer wieder Gewalt gegen Gewalt stehen. Es scheint doch so, daß es, wenn sich der Mensch nicht im Sinne der beschriebenen Bewußtseinsänderung wandelt, keine Dauerlösung gibt. Sollte es gelingen, was wir immer noch hoffen, den nuklearen Vernichtungskrieg zu vermeiden, dann würde damit allein die Menschheit nicht glücklicher, als sie gegenwärtig ist. Alle die Probleme, die wir jetzt haben, würden weiter bestehen, und vielleicht sogar in gesteigertem Maße, solange das neue Bewußtsein nicht integriert ist.

Sollte aber, bevor das neue Bewußtsein integriert ist, gegen unsere Hoffnung und trotz aller Bemühungen der Vernichtungskrieg ausbrechen und ein Großteil der Menschheit vernichtet werden, dann geht doch die gegenwärtige Bewußtseinsveränderung, die einmal in Gang gekommen ist, weiter. Und damit bleibt auch die Möglichkeit, daß es irgendeinmal vollständig integriert wird. Dann besteht nicht nur die Hoffnung auf eine glücklichere Menschheit, sondern sogar die Gewißheit, daß es dazu kommt.

Wir stehen heute in einer Periode, die eigentlich schon vor 200 Jahren begann mit der sogenannten industriellen Revolution, die mit der Erfindung der Maschine einsetzte. Es ist ein Kampf, der oft mit blutigen Waffen ausgetragen wird, zu heftig, um innerhalb der Grenzen friedsamer Diskussion zu bleiben. Es ist zu einem Klassenkampf gekommen zwischen Besitzenden und Nichtbesitzenden, Arbeitgebern und Arbeitnehmern, Kapitalismus und Kommunismus. Immer noch stehen sich beide Parteien wie zwei Kriegsheere gegenüber. Der Kampf ist noch längst nicht beendet, keiner von beiden ist bisher als Sieger daraus hervorgegangen. Es ist zwar auch nicht so, daß die Kämpfenden nur von schlechtem Willen beseelt wären oder daß dieser Kampf ohne jedes positive Ergebnis ausgefochten würde. Zwar stehen sich heute ganze Länder-Blöcke gegenüber, die sich entweder als zur »freien Welt« zugehörig betrachten oder zum Kommunismus, so daß beständig die Gefahr eines neuen Weltkrieges am Horizont der Welt lauert. Trotzdem muß man sagen, daß sich beide Ideologien heute näher stehen, als sie es zu Beginn des Kampfes taten; denn es gibt heute weder einen uneingeschränkten Eigenbesitz, noch auch, von Ausnahmen vielleicht abgesehen, ein vollkommenes Fehlen von jedem Privatbesitz. Die echte Demokratie und Freiheit zu vertreten, beanspruchen beide, mit Recht oder Unrecht sei dahingestellt. So wird es wohl noch lange weitergehen, bis der ersehnte und nun von beiden Seiten ehrlich versuchte Ausgleich gefunden ist.

Der Weg zum »neuen Menschen«

Wenn wir also vom »neuen Menschen« als der einzigen Rettungsinstanz für die Menschheit reden, geht es hier keinesfalls um ein System. Vielmehr müssen wir sagen: Für die Überwindung der Krise, in der der Mensch heute steht, gibt es überhaupt kein System. Es gibt viele Menschen, die sich über diese Tatsache nicht im klaren zu sein scheinen und offenbar meinen, – in ehrlicher Überzeugung vielleicht – daß der Mensch oder die Menschheit durch eines der bestehenden Systeme, sei es Kommunismus, Kapitalismus oder Demokratie oder auch eine noch zu findende Form, vor dem drohenden Untergang bewahrt werden könnte. Aber de facto geht es in dieser Krise des Menschen nicht um Denkmodelle oder Ideologien. Es liegt uns daher auch fern, zu den verschiedenen Ideologien und Systemen Stellung zu nehmen. Es geht um ein neues Menschenbild, das im Entstehen begriffen ist. Aber das ist nicht so zu verstehen, daß der Mensch selbst dieses neue Bild auszudenken und zu formen hätte, sondern es ist wie bei einem Schmetterling der aus der Puppe herauskommt, nicht in einer von ihm selbst gewählten Form, sondern in der von der Natur vorbestimmten Form. Es geht um einen Schritt, und zwar um einen sehr bedeutungsvollen Schritt in der Entwicklung des Menschen als solchem.

Aber es geht uns jetzt nicht um eine neue Ära der Wissenschaft und Technik, obwohl diese bereits angebrochen ist und man schon in diesem Sinne vom Atom-Zeitalter spricht. Auch das Eindringen in den Weltenraum ist ein Zeichen dieses Zeitalters.

Die neue Entwicklung des Menschen als solchem, von der wir nun sprechen, ist wohl in erster Linie gekennzeichnet durch das vollkommenere Bewußtwerden des Personseins. Der neue Mensch kommt zum Vollbesitz der Persönlichkeit. Dazu muß er im wahren Sinne zu sich selbst, zu seinem Selbst gekommen sein. Denn dieses Selbst ist der Kern seiner Person. Nur wenn er zu diesem kommt, ist er wirklich heil; denn die Freiheit von außen ist noch nicht die echte Freiheit. Ein Mensch kann unbeschränkter Herr über die ganze Welt sein und dabei doch ein innerlich unfreier Mensch bleiben. Umgekehrt kann er in den tiefsten Kerker eingeschlossen sein und sich doch einer souveränen Freiheit erfreuen. Weiterhin sollte der Mensch imstande sein, die Dinge so zu sehen, wie sie sind und, was eng damit zusammenhängt, aufrichtig sein. Wir sind in unserem Denken fast immer von Vorurteilen geblendet. Es gibt kaum Menschen, die vorurteilslos denken können. Es gibt auch kaum Menschen, die wirklich aufrichtig sind, und wir müssen hinzufügen, die überhaupt imstande sind, aufrichtig zu sein, obwohl sie es sein möchten und vielleicht meinen, daß sie es auch sind. Die einzige Ausnahme bilden die Kinder, soweit nicht auch sie schon von den Erwachsenen angesteckt sind. Und die Mystiker!

Man muß diesen Tatsachen klar ins Auge sehen. Wenn der neue Mensch womöglich ein Fortschritt gegenüber dem alten sein soll, – und darum geht es, denn sonst ist er eben nicht neu – dann muß dieser Mensch imstande sein, vorurteilslos zu denken und aufrichtig zu sein. Dies ist auch Ziel dieser Erneuerung und ihrer Gestalt – der neuen Mystik, um die es hier geht.

Die ganze Erneuerung der Menschheit nach der Katastrophe von Hiroshima hängt von dieser Entwicklung ab: »Der Mensch der Zukunft wird ein Mystiker sein, oder er wird nicht sein« – mit diesem berühmten Satz von Karl Rahner fassen wir abschließend die echte Perspektive der Welt nach Hiroshima zusammen.

Anhang

Friedenslied von Hiroshima

Dieses 1947 entstandene Lied wird am 6. August beim Gedenken der Opfer der Atombombe in Hiroshima von den Teilnehmern aus aller Welt in Japanisch gesungen. Der Komponist Minoru Yamamoto war von der Atombombe in Hiroshima betroffen. Der Text stammt von Takeo Shigezuno.

2. Nami aoku tayuto tokoro
Umi no hate minami ni kita ni
O toku inori todoke to
Kane wa naru heiwa no kane ni
Ima warera shiren o koete
Sono yukute koko ni aogan

3. Kaze kiyoku kagayaku tokoro
Kuni no hate sekai no tomo ni
O atsuku omoi kayoe to
Kane wa naru heiwa no kane ni
Ima warera te o sashinobete
Sono mutsumi koko ni utawan

Deutsche Übersetzung: Zenklause München

1. Weiße Wolken ziehn still und sanft über uns.
Im Himmel so frei von Ost nach Westen hin.
Oh-ohne Grenzen schwebt ein Echo durch die Luft.
Die Glocke wird Friedensglocke sein.
Nun erheben wir gemeinsam unsre Herzen.
Der Weg ist unser Ziel. Wir gehn ihn Schritt um Schritt.

2. Blaue Wellen wogen im weiten Ozean.
Oh-ohne Grenzen von Nord nach Süden hin.
Unser Gebet fliegt in die weite Welt.
Die Glocke wird Friedensglocke sein.
Nun folgen wir dem Weg mit frischem heitrem Sinn.
Unsere ganze Kraft setzen wir dafür ein.

3. Frei weht der Wind um die Erde, niemand hält ihn fest.
Land und Meere, alle Menschen in der Welt
verbinden innig Herz mit Herz.
Die Glocke wird Friedensglocke sein
Wir reichen uns nun in Freundschaft unsre Hände.
Und singen Frieden, Frieden, Frieden.

Diese Kaligraphie »Heiwa-Frieden« stammt von einem japanischen Soto-Zen-Meister, Mon-San F.S. Nakagawa, der bei München ansäßig ist und Zen lehrt.

Foto-Nachweis

19: 1937 gebautes Pfarrhaus der Jesuitenmission in Hiroshima nach der Atombombe; Enomiya-Lassalle-Archiv, Dietfurt.

35: Die Plazierung der Weltfriedenskirche in der Stadt Hiroshima; Foto wie S. 19.

58: Die berühmte Blechhütte, in die Pater Lassalle nach der Vernichtung der Missionsstation eingezogen ist, um seine Tätigkeit fortzusetzen, Foto wie S. 19.

70: Eine alte Schale zur Teezeremonie; Dr. Ernst Stürmer, Wien.

76: Ein japanischer Meister des »Shodo« bei der Erstellung einer Pinselschrift; Foto wie S. 70.

83: Wie wird die japanische Mentalität unter dem Einfluß des Westens in der Zukunft aussehen? Foto wie S. 70.

98: Das Hauptproblem Japans ist die Überbevölkerung; Foto wie S. 70.

105: Gesamtsicht der Weltfriedenskirche in Hiroshima; Foto wie S. 19.

118: Pater H.M. Enomiya-Lassalle als Leiter des alljährlichen Gottesdienstes der Christen und Vertreter anderer Religionen zum Gedenken der Opfer der Atombombe in Hiroshima; Foto wie S. 19.